Brot backen mit und ohne Brotbackautomaten

Gertrud Weidinger

Brot backen

mit und ohne Brotbackautomaten

Weltbild

INHALT

21 GRUNDREGELN & GRUNDREZEPTE

31 FÜR JEDEN TAG: EINFACHE & DEFTIGE BROTE

49

FRÜHSTÜCKSBROTE & -BRÖTCHEN

63

PARTYBROTE & -GEBÄCK

89

BROT-SPECIALS

Ein verführerischer Duft

Lass, oh Gott,
uns nie vergessen:
Was wir trinken,
was wir essen,
kommt im Ursprung
her von dir.
Gott, wir danken
dir dafür!
(Mündlich überliefert)

Das Brot ernährt
uns nicht.
Was uns im Brote speist,
ist Gottes ew'ges Wort,
ist Leben und ist Geist
(Angelus Silesius)

Wenn frischer Brotgeruch durch die Wohnung zieht, entlockt er allen ein erwartungsvolles »mmmhhh«. Schon läuft uns das Wasser im Mund zusammen, die Geruchs- und Geschmacksnerven werden angeregt. Wir denken an die knusprige Kruste und den köstlichen Geschmack, den dieser Duft uns verheißt, und fühlen uns sofort geborgen.

Brot, vor allem selbst gebackenes, dient nicht nur der Sättigung, sondern ist Lebens-Mittel schlechthin. Es spricht über unsere Sinne die Seele an, es verbindet uns in geheimnisvoller Weise mit den Elementen Erde, Wasser, Luft und Licht.

Deshalb finde ich persönlich es sehr schön, dass in den letzten Jahrzehnten und Jahren das Brotbacken zu Hause – ob mit oder ohne Automat – einen neuen, wichtigen Stellenwert eingenommen hat.
Dabei gibt es doch Bäckereien wie Sand am Meer! Großbäckereien schießen wie Pilze aus dem Boden. Fast an jeder Straßenecke in Deutschland wird Brot in unglaublicher Sortenvielfalt angeboten. Wozu also selbst Brot backen?

Die Tatsache, dass trotzdem immer mehr Menschen ihr Brot selbst backen, hat wohl vielerlei Gründe:

- Wer einmal Brot gebacken hat, kennt diesen typischen Geruch und liebt ihn.
- Wer selbst Brot backt, weiß genau, was drin ist.
- Selbst gebackenes Brot schmeckt besser als gekauftes.
- Aus gesundheitlichen Gründen backen viele Betroffene lieber selbst; beispielsweise, wenn sie glutenfreies Brot essen müssen.
- Brotbacken regt die Fantasie an.
- Brotbacken entspannt und beruhigt.

Egal, was Sie zum Brotbacken bewegt: Ich wünsche Ihnen, dass Ihnen aus diesem schöpferischen Tun viel Freude erwächst.

Die Rezepte dieses Buches sind möglichst einfach gehalten. Sie wurden von verschiedenen Testerinnen und Testern ausprobiert. Dafür danke ich ihnen sehr herzlich.

Mein besonderer Dank gilt meiner Freundin, der Gesundheits- und Ernährungsberaterin I. M. Gräf. Sie stand mir mit Freude, Hingabe und mit ihrer großen Kompetenz zur Seite. Besonders die glutenfreien Brote nahm sie unter die Lupe, rezeptierte sie zum Teil neu und trug so wesentlich zur Optimierung dieses Kapitels bei.

Gertrud Weidinger

»Lebens-Mittel« Brot

Vom Getreidekorn zum Brot

Schon vor ungefähr 20 000 Jahren gab es den Grundstoff für das Brot, das Getreide. Aber daraus wurde noch kein Brot hergestellt, denn damals aß man die eingeweichten oder gerösteten Getreidekörner ganz. Später begann man, die Getreidekörner zwischen zwei Steinen zu Mehl zu vermahlen und einen Brei daraus zu rühren. Die Mesopotamier und Ägypter schließlich kamen fast 10 000 Jahre später auf die Idee, diesen Brei zu Fladen zu formen und auf erhitzten Steinen zu backen. Das war wohl die Geburtsstunde des Brotes, wenn auch noch nicht so ganz, denn einen entscheidenden Vorgang kannten die Menschen damals noch nicht: die Gärung.

Die Entdeckung des Sauerteigs

Die geniale Entdeckung, dass Teig aus Mehl und Wasser durch die Gärung lockerer und weicher wird, war ein Zufallsprodukt, das man einem Ägypter zuschreibt: Angeblich hatte dieser seinen Brotteig vergessen und über Nacht stehen lassen, so dass er zu gären begann. Der zufällig gesäuerte Teig mundete offensichtlich und wurde deshalb vielfach kopiert. So fand die Sauerteigzubereitung allmählich ihren Weg von Ägypten und Mesopotamien ins alte Hellas.

Bis ins alte Germanien verbreitete sich die Herstellung von Brot mit Sauerteig. Das war vor mehr als 2500 Jahren. Dort baute man, wie heute noch, wegen des rauen Klimas hauptsächlich Roggen an, während in den südlichen europäischen Regionen überwiegend Weizen kultiviert wurde und wird.

Hefepilze für lockeres Brot

Eine zweite Möglichkeit, Brotteig zum Gären zu bringen und damit zu lockern, sind Hefepilze. Sie spalten den im Mehl enthaltenen Zucker in Kohlensäure und Alkohol auf. Genau dieses Verfahren kannten die Mesopotamier schon sehr früh. Sie kelterten bereits Trauben und ließen ihren Saft zu Wein vergären. Damit gewannen sie auch Weinhefe. Trotzdem ist es fraglich, ob sie diese Hefe tatsächlich zum Brotbacken verwendet haben.

Jedenfalls blieben auch nach der Entdeckung des Sauerteiges Getreide und Mehl vorerst noch die Hauptnahrungsmittel. Lange Zeit war es sehr mühsam, die Körner zu Mehl zu vermahlen. Doch der Erfindungsreichtum der Menschen brachte auch hier den Fortschritt: Mühlen entstanden, Backöfen wurden gebaut und damit Berufe wie Müller und Bäcker geboren. Heute gilt Deutschland als wahres »Eldorado« des Brotes. Über 300 Sorten stehen zur Auswahl. Trotzdem greifen immer mehr Menschen zu Mehl, Wasser und Hefe, um sich ihr Brot selbst zu backen.

Im alten Hellas war gesäuertes Brot zunächst ein Privileg der Oberschicht, die sich Weizen und Roggen aus anderen Ländern kommen ließ. Die »normalen« Griechen aßen nämlich bis dato nur ein Flachbrot aus Gerstenschrot, das sie an der Sonne trocknen ließen. Der Sauerteig hätte ihnen beim Gären des Gerstenfladens allerdings auch wenig geholfen: Gerste lässt sich nämlich nicht »treiben« wie Weizen und Roggen.

DAS RICHTIGE MEHL

Vollkornmehle sollten erst kurz vor dem Backen frisch gemahlen werden, damit die Wirkstoffe möglichst unverändert zur Verfügung stehen. Wer keine eigene Mühle hat, kann Vollkornmehle auch kaufen. Diese sollten aber möglichst bald verarbeitet werden, denn sie verlieren durch die Lagerung Mineralstoffe und werden leicht ranzig.

Perfekt: das volle Korn

Viele der hier aufgeführten Brote und Backwaren sind mit Vollkornmehlen gebacken, obwohl sie natürlich auch mit Auszugsmehlen gelingen. Aber wenn man sich schon die Mühe macht, selbst Brot und Brötchen zu backen, sollten sich diese Erzeugnisse doch wirklich von den kommerziellen Bäckereiprodukten abheben. Zwar gibt es in Naturkostläden und Reformhäusern wirklich sehr gute Vollkornbrote ohne Zusatz von Konservierungsmitteln, Stabilisatoren, Verdickungsmitteln und dergleichen, aber sie sind teuer und manchmal von den Zutaten her nicht sehr einfallsreich.
Neben dem gesundheitlichen Aspekt und dem Geschmacksreichtum spricht noch ein anderes Argument für Vollkornmehle: Vollkornbrot sättigt besser. Selbst gebackenes Vollkornbrot – ob mit der Hand oder dem Automaten zubereitet – ist jedenfalls besser als jedes gekaufte: vom Duft während des Backens, der den Appetit anregt, bis zum heiß ersehnten Verzehr, ganz abgesehen vom Spaß beim Brotbacken selbst.

Mehlabstufungen und Mehlvergleiche

Die wichtigste Grundlage zum Brotbacken ist natürlich das Mehl. Dabei ist es nicht unerheblich, welche Mehltype bei der Teigherstellung verwendet wird. Die Mehltype auf der Verpackung gibt an, wie stark das entsprechende Mehl ausgemahlen ist. Der Ausmahlgrad hat Auswirkungen auf die verbleibenden Mineralstoffe und den Vitamin- und Eiweißreichtum.

Die gebräuchlichsten Mehltypen

Weizenmehl Type 405	Feinstes weißes Mehl, hauptsächlich zum Kuchenbacken
Weizenmehl Type 550	Feines, weißes Mehl zum Backen von Weißbroten
Weizenmehl Type 1050	Relativ kräftiges, etwas dunkles Weizenmehl für Mischbrote
Weizenmehl Type 1700	Weizenvollkornmehl bzw. Weizenvollkornschrot (ganze Weizenkörner sind grob oder mittelgrob zerkleinert) für Vollkornbrote
Roggenmehl Type 997	Feines, relativ helles Mehl zum Backen von feinem Roggenbrot und -brötchen
Roggenmehl Type 1150 und Type 1370	Verhältnismäßig fein gemahlenes Brotmehl für Graubrote und Mischbrote
Roggenmehl Type 1800	Roggenvollkornmehl bzw. Roggenvollkornschrot für Vollkornbrote

So beinhaltet 100 Gramm Weizenmehl der Type 405 noch 405 Milligramm Mineralstoffe, während ein Weizenmehl der Type 1700 (entspricht dem Vollkornmehl) 1700 Milligramm Mineralstoffe enthält. Einige Wirkstoffe, die im Vollkornmehl enthalten sind – z. B. Eisen, Vitamin B1, Vitamin E –, sind im Auszugsmehl Type 405 nur noch in Spuren oder gar nicht mehr vorhanden. Das meist benutzte, weiße Weizenmehl Type 405 ist also das eiweiß-, vitamin- und mineralstoffärmste Mehl – und damit vom gesundheitlichen Gesichtspunkt her nicht zu empfehlen.

Grundsätzlich gilt: Je höher die Typenzahl, desto dunkler ist das Mehl und desto mehr Eiweiß, Vitamine und Mineralstoffe besitzt es. Für eine gesundheitsbewusste Ernährung und zur Verhütung von ernährungsbedingten Zivilisationskrankheiten (z. B. Verstopfung, Arteriosklerose) kommt dem Backen mit Vollkornmehlen große Bedeutung zu.

GETREIDESORTEN, DIE ZUM BROTBACKEN GEEIGNET SIND

Weizen (speziell Weichweizen) ist das Backgetreide schlechthin. Er enthält sehr viel Klebereiweiß und Stärke. Durch den hohen Anteil an Klebereiweiß hat Weizenmehl eine hervorragende Backfähigkeit. Brote und Gebäcke bekommen eine gute Festigkeit und Elastizität, gleichzeitig eine feinporige Beschaffenheit.

Dinkel und Grünkern sind beide mit dem Weizen verwandt. Dinkel gilt als Urform des Weizens. Auch Dinkel hat deshalb einen hohen Klebereiweiß-Gehalt und eignet sich ähnlich wie Weizen zur Herstellung von feinen Broten und Gebäcken. Mit Hildegard von Bingen und ihrer Küche hat der Dinkel in den letzten Jahren stark an Bedeutung gewonnen. Grünkern ist die Bezeichnung für milchreif (halbreif) geernteten Dinkel, der schwach geröstet (gedarrt) ist. Zum Brotbacken wird er meist dem Dinkel oder Weizen beigemischt.

Roggen gilt als wichtigstes einheimisches Getreide. Zum Backen benutzt man ihn hauptsächlich, um kräftige Sauerteigbrote herzustellen. Er besitzt weniger Kleberanteile als Weizen und Dinkel. Deshalb wird er gerne mit Weizen oder Dinkel gemischt verbacken. Solche Mischbrote zeichnen sich durch eine feinere Brotstruktur und durch feinere Poren als reine Roggenmehlbrote aus.

Hafer ist ebenfalls ein beliebtes Backgetreide, aber nur in der Mischung mit Weizen oder

Buchweizenmehl, Maismehl, Hirsemehl, Reismehl, Sojamehl, Kastanienmehl und Kichererbsenmehl sind glutenfrei. All diese Mehle haben aber den Nachteil, dass sie keine Kleberanteile aufweisen. Das bedeutet, dass man entweder Ei oder andere Bindemittel wie Johannisbrotkernmehl (Biobin, im Naturkostladen erhältlich) zusetzen muss, damit der Brotteig nicht auseinander fällt. Rezepte für glutenfreie Brote finden Sie ab Seite 90.

Anis, Fenchel und Kümmel gelten als die klassischen Brotgewürze, die Blähungen und Bauchschmerzen nach dem Genuss von frischem Weißmehlbrot verhindern!

Dinkel. Er hat einen relativ geringen Stärke-, dafür aber einen hohen Fettgehalt. Hafer als Flocken verarbeitet eignet sich gut, um Weizenmehl teilweise auszutauschen (aber bitte nicht mehr als 1/3 der Mehlmenge!).

Hafer ist ein schneller Energiespender, hat leicht verdauliche Kohlenhydrate und veranlasst den Körper, das Glückshormon Serotonin auszuschütten.

Gerste wird ebenfalls immer mit anderen Getreidesorten gemischt (hauptsächlich mit Weizen, Dinkel, weniger mit Roggen); denn der Klebergehalt von Gerste ist gering, damit ist sie als Hauptbestandteil für Brote, die mit Hefe- oder Sauerteig angesetzt werden, ungeeignet. Brote mit Gerstenanteil haben einen leicht herben Geschmack.

Hirse gilt als wertvoller Mineralstoffträger, sie ist reich an Kieselsäure, aber arm an Kleberstoffen. Mit anderen Getreidearten zusammen gibt sie dem Brot einen unverwechselbaren Geschmack. Manchmal wird das kleine gelbe, ganze Korn dem Brotteig zugegeben, um einen körnigen Biss des Brotes zu erreichen.

Buchweizen wird gerne in Verbindung mit Weizen, Dinkel oder Roggen für die Brotteig-Herstellung verwendet. Eigentlich aber gehört Buchweizen nicht zu den Getreidesorten. Es handelt sich vielmehr um die Frucht eines Knöterichgewächses. Dies kann man gut daran sehen, dass der ganze, nicht vermahlene Buchweizen keine eigentliche Kornform hat und von der Beschaffenheit her sehr weich ist. Gebäcke mit Buchweizenanteilen bekommen einen kräftigen, ganz leicht bitteren Geschmack.

Mais, Reis, Soja, Kichererbsen und Esskastanien können ebenfalls zu Mehl verarbeitet werden. Zum Brotbacken müssen sie immer in Verbindung mit einer größeren Menge Weizen- oder Dinkelmehl gemischt werden.

EIGENE WÜRZE FÜRS BROT

Das herkömmliche Brotgewürz besteht normalerweise zu gleichen Teilen aus Anis, Fenchel, Koriander und Kümmel. Fertig gemischt (entweder gemahlen, zerstoßen oder als ganze Körner) ist es im Handel erhältlich. Stellen Sie die Gewürze selbst zusammen, können Sie dem Brot ihre ganz eigene Geschmacksnote geben.

Als Brotgewürze eignen sich

Samen und Körner Sesam, Mohn, Sonnenblumenkerne, Leinsamen, Nüsse, Anis, Fenchel, Kardamom, Koriander, Kümmel, Kreuzkümmel, Schwarzkümmel, Piment, Pfeffer (rot, grün, schwarz, weiß), Senfsamen, Schabziegerklee (Brotklee) etc.

Kräuter und Wurzeln Thymian, Majoran, Oregano, Basilikum, Rosmarin, in kleinen Mengen auch Ysop, Salbei, Lavendelblätter, selbstverständlich natürlich Petersilie, Schnittlauch, Dill, Kresse, Bärlauch, Rucola, Ingwer, Petersilienwurzel etc.

Süße Brotgewürze Hier bieten sich an: Sternanis, Anis, Fenchel, Nelken, Zimt, Vanillemark aus der Schote, Korinthen, Sultaninen, Trockenfrüchte, Zitronat, Orangeat, verschiedene Zuckersorten, verschiedene Honigsorten, verschiedene Dicksäfte (z. B. Birnendicksaft), verschiedene Sirupe (z. B. Agave, Ahorn), Malzextrakt etc.

Salz In keinem Fall darf dieses Gewürz für jedes Brot fehlen! Selbst bei süßen Broten sollte etwas Salz zugegeben werden, auch um die Teigeigenschaft zu verbessern. Eine Ausnahme gibt es allerdings: Brot für Nierenkranke darf kein Salz, dafür aber andere Gewürze und Kräuter enthalten.

Achten Sie darauf

- Dass Sie nicht zu viel Gewürze in ein Brot geben (lieber nur ein oder zwei Würzzutaten, damit sich der eigene Geschmack gut entfalten kann).
- Dass die ausgewählten Gewürze miteinander harmonieren (z. B. Thymian und Oregano oder Koriander und Kümmel).
- Dass die Gewürze und Kräuter möglichst frisch verarbeitet werden, also Samen frisch zerstoßen bzw. mahlen, frische Kräuter (aus dem Garten oder von der Fensterbank) erst kurz vor der Teigzubereitung abschneiden und zerkleinern, getrocknete Kräuter mit den Fingern direkt in den Teig zerreiben.

Sie können dem Brot auch geschmacksintensiven Käse als Würze zufügen. Gerieben und unter den Teig gemischt, bindet Käse etwas Flüssigkeit und macht den Teig elastisch.

Vergessen Sie nicht, dem Brotteig eine gute Prise Salz zuzufügen. Als Faustregel gilt: 1TL auf 250 g Mehl. Nierenkranke müssen darauf allerdings verzichten.

BROT – IN FORM GEBRACHT

Besonders dekorativ sieht gebackenes Brot aus der alten Gugelhupf- oder Puddingform aus.

Wollen Sie kleine Brötchen verschenken? Benutzen Sie doch Ihre Muffinform!

Haben Sie den Teig mit der Hand oder der Küchenmaschine zubereitet, können Sie ihm eine Form geben. Auch wenn Sie den Teig im Brotbackautomaten hergestellt haben und dann entnehmen, können Sie ihn in verschiedenen Formen backen.

Frei geformte Brote

Der Teiglaib wird mit den Händen rund oder länglich geformt und auf ein Backblech gelegt. Dort geht er dann nochmals, bevor er in den Ofen geschoben wird. Wer Brot frei formen will, muss ein gutes Gefühl für den Teig entwickelt haben; denn Brot, das mit der Hand geformt ist, kann in alle Richtungen laufen, wenn die Brotteigkonsistenz nicht stimmt. Aber keine Angst: Mit der Erfahrung kommt auch der Mut, dem Brot die eigene Form zu geben!

Wer dem Brot schon beim Gehen eine Form geben will, kann Unterstützung im Backkorb aus Peddigrohr finden: Die längliche oder runde Rohrform wird gut bemehlt. Der Teig geht dann in dieser Form. Anschließend stürzt man das ungebackene Brot auf das Blech und schiebt es sofort in den heißen Backofen.

TIPP Peddigrohrformen wirklich dick bemehlen, sonst bleibt der Teig kleben. Die leere Korbform danach mit einem trockenen Handbürstchen gut säubern, damit sich ungebetene Gäste (kleine Mehlkäferchen) nicht einnisten können.

Brote in Backformen

Die herkömmliche Kasten- oder Springform ist natürlich die Brotbackform Nummer 1. Wer sicher gehen will, dass sein Brot die Form behält (auch wenn der Teig vielleicht etwas dünner geraten ist), greift am besten auf diese bewährten Kuchenformen zurück. Als Backformen bieten sich außerdem alle runden oder ovalen ofenfesten Formen an, z. B. Auflaufformen, hohe Jenaer Glasformen, glasierte Trinkbecher, Tassen, etc.

Dekorationsbackformen von Weltbild

Diese Backformen sind kleine offene Röhren, die als Herz-, Blumen-, oder Sternform angeboten werden. Jede Form hat zwei Deckel zum Verschließen. Die Röhre wird zunächst unten verschlossen und dann bis zu einem Drittel mit Teig befüllt. Nun stellt man die Form auf und verschließt sie oben mit dem zweiten Deckel. Im Stehen geht der Teig. Auch im Backofen muss die Teigröhre stehen! Diese Backformen sind antihaft-beschichtet, d. h. man muss sie nicht einfetten. Sie müssen aber sofort nach dem Backen mit einer weichen Flaschenbürste und heißem Wasser gesäubert werden.

Vorteile dieser Form: Das fertige Brot ist ringsum knusprig und man hat sofort wunderschöne Formen für Canapés und zu Dekorationszwecken. Füllt man die drei Röhren mit unterschiedlich farbigem Brotteig, lassen sich individuelle Brotkreationen herstellen. Nachteile: Da die Brote im Stehen gebacken werden, muss man erst ausprobieren, ob die Röhren stehend im Ofen Platz finden. Außerdem darf der Teig nicht zu weich sein, sonst quillt er aus dem unteren Deckel heraus. Schwierig ist auch die Reinigung. Trotzdem überwiegen die Vorteile: Der kreativen Gestaltung sind keine Grenzen gesetzt!

Römertopf In diesem Fall den unteren Teil des Römertopfes nach Herstelleranweisung wässern und reichlich mit gut gefetteter Alufolie auslegen.

Blumentöpfe Brot kann auch in ganz normalen Blumentöpfen aus Ton gebacken werden. Am besten nimmt man einen neu gekauften Tontopf oder eine Schalenform aus Ton. Solche Brote sehen wunderbar aus und bekommen eine besonders schöne Kruste! Entscheiden Sie sich für eine solche außergewöhnliche Backform, müssen Sie die Tonscherbe zunächst gründlich mit heißem Wasser säubern und wieder ganz trocknen lassen.
Anschließend pinseln Sie die Form mit reichlich Öl ein und backen den leeren Tontopf bei 220 °C ca. 30 Minuten im vorgeheizten Backofen. Das stinkt und raucht, aber es lohnt sich! Diese Prozedur wiederholen Sie nach dem Erkalten des Gefäßes. Erst dann füllen Sie den Brotteig ein.
Vorsicht! Beim Backen nicht zu viel Teig einfüllen, sonst läuft der Brotteig über den Topfrand hinaus. Wollen Sie diese Brotform öfters gebrauchen, fetten Sie diese bitte vor jedem Gebrauch neu ein (nicht abwaschen, sonst geht die »Patina« verloren!).

Tipp: Brot im Blumentopf ist ein duftendes, nahrhaftes, sehr attraktives und deshalb auch äußerst beliebtes Geschenk.

Mit den Dekorationsbackformen von Weltbild können Sie Brot in außergewöhnlicher Form backen.

SO BLEIBT BROT LANGE FRISCH

Halb gebackene Brötchen eignen sich gut zum Einfrieren!

Gefrorene Brothälften nehmen Sie am besten aus dem Tiefkühlbeutel, bevor Sie sie auftauen lassen.

Frisch dem Backautomat oder Backofen entnommenes Brot sollte in jedem Fall mit einem Küchentuch bedeckt auf einem Kuchengitter gut auskühlen. Wird das Brot nicht gleich verzehrt, muss es kühl und luftig gelagert werden, z. B. in einem Steinguttopf, der mit Tüchern abgedeckt ist, oder im Brottopf.

Vorsicht, Schimmmel!

Niemals darf frisches Brot in luftdichten Plastikbeuteln aufgehoben werden, weil dabei die Gefahr der Schimmelbildung sehr hoch ist! Ebenso ungeeignet ist für die Aufbewahrung der Kühlschrank: Das Brot trocknet aus (der Kühlschrank entzieht die Feuchtigkeit), und der Geschmack lässt stark nach.

Frisch oder reif?

Grundsätzlich gilt: Hefebrote mit hohem Weizenanteil sollten so bald wie möglich verzehrt werden, Sauerteigbrote mit hohem Roggenanteil müssen dagegen einige Tage »nachreifen«, bevor sie angeschnitten werden. Mischbrote aus Hefe und Sauerteig können problemlos sofort oder auch erst nach einigen Tagen gegessen werden.

Aus dem Kälteschlaf

Frisches Brot hat immer zur Hand, wer das gut ausgekühlte Brot in Portionen schneidet (halbiert, geviertelt, in Scheiben geschnitten), in Alufolie einschlägt und in einen fest verschließbaren Tiefkühlbeutel steckt, um es einzufrieren. Bei Bedarf das Brot rechtzeitig aus dem Tiefkühlgerät nehmen und bei Zimmertemperatur auftauen lassen, Brotscheiben kann man auch im Toaster auftauen.

TIPP Bei richtiger Lagerung verliert tiefgefrorenes Brot weder an Geschmack noch an Nährwert. Nach dem Auftauen ist es saftig und kaum von frischem Brot zu unterscheiden, nur die Kruste ist nicht mehr so knusprig.

Auch frische Brötchen können innerhalb kürzester Zeit den Frühstückstisch bereichern: Dafür die Brötchen nur die Hälfte der angegebenen Zeit backen, dann auskühlen lassen und in fest verschlossenen Tiefkühlbeuteln tiefkühlen. Die gefrorenen Brötchen in den auf 220 °C (Umluft 200 °C, Gas Stufe 4) vorgeheizten Backofen schieben und in der restlichen Backzeit fertig backen. Sind die Brötchen bereits fertig gebacken und dann eingefroren, werden sie in gefrorenem Zustand für 5 bis 7 Minuten in den auf 220 °C (Umluft 200 °C, Gas Stufe 4) vorgeheizten Backofen geschoben und knusprig frisch aufgebacken.

BROTBACKEN MIT DEM AUTOMATEN

Immer mehr häusliche Brotbäckerinnen und Brotbäcker haben den Brotbackautomaten für sich entdeckt.
Solche Automaten sind in den unterschiedlichsten Größen, Leistungsstärken, Preislagen und Fabrikaten auf dem Markt.
Informieren Sie sich vor einem Kauf unbedingt an verschiedenen Stellen oder über die »Stiftung Warentest«, welcher Automat für Sie in Frage kommen könnte.
Dabei spielen sicher Gegebenheiten wie die Größe der Familie, die eigene »Backleidenschaft«, aber auch Platzfragen (häufig gebrauchte Küchengeräte sollten ihren Platz direkt und gut erreichbar in der Küche haben) usw. eine Rolle. Daneben gibt es zudem für ein und dasselbe Gerät auch Preisschwankungen bei verschiedenen Händlern und Elektromärkten. Ein sorgfältiger Vergleich der verschiedenen Modelle macht sich also gleich in mehrfacher Hinsicht bezahlt!

Das kann ein Backautomat

Trotz vieler unterschiedlicher Automatentypen haben alle Geräte in etwa die gleichen Programme (wenngleich zum Teil auch andere Bezeichnungen) und sind durchwegs leicht zu bedienen.

Die wichtigsten Funktionen eines Brotautomaten

- Brotbacken, generell ohne oder mit Zeitvorwahl (d. h. Sie können über die Zeitvorwahl bestimmen, wann Ihr Brot fertig sein soll).
- Teig zubereiten (d. h. der Teig wird im Automat nur zubereitet, nicht gebacken – für Brötchen, Pizza, Kuchen, Kleingebäck ...).
- Backen (d. h. der von Hand gefertigte Teig wird im Automat nur gebacken – z. B. für Kuchen aus Rührteig).

Das Programm Brotbacken unterteilt sich außerdem noch in verschiedene Angebote: von »Normal« bis »Vollwert« und »Rosinenbrot«. Orientieren Sie sich bitte an der Gebrauchsanleitung Ihres Backautomaten.

Wer sich für den Kauf eines Automaten entscheidet, sollte darauf achten, dass:

- Die Motorleistung auch das Bearbeiten von schweren Brotteigen ermöglicht.
- Der Knethaken kräftig ist und aus gutem Material besteht.
- Der Händler in erreichbarer Nähe ist, falls eine Reparatur erforderlich sein sollte.

In jedem Fall lohnt es sich, beim Kauf eines Backautomaten auf Qualität zu setzen und nicht unbedingt das billigste Gerät zu kaufen! Ich selbst habe dies auch nicht recht glauben wollen, aber ich musste Lehrgeld bezahlen, denn mein erster Backautomat war schon nach zwei Tagen defekt.

Kaufen Sie sich zum Brotbackautomaten gleich ein Paar gute Topfhandschuhe! Der Teigbehälter ist nach dem Backen nämlich so heiß, dass Sie ihn nicht ohne Schutz entnehmen können, um das Brot zu stürzen und abkühlen zu lassen.

So funktioniert das Brotbacken (die Teigzubereitung) im Automaten

① Backform gegen den Uhrzeigersinn leicht drehen und herausnehmen.
② Knethaken auf die Antriebswelle am Boden der Backform setzen.
③ Trockenhefe in die Form geben (je nach Gerätetyp auch zuletzt).
④ Mehle und andere trockene Zutaten einstreuen, zuletzt Flüssigkeit zugießen.
⑤ Fertig gefüllte Backform wieder in den Automaten stellen, Deckel des Gerätes schließen.
⑥ Netzstecker anschließen und entsprechende »Programm«-Taste bedienen.
⑦ Brotteigtyp, Größe und Bräunungsgrad wählen (im Display erscheint die Herstellungszeit für Ihr ausgewähltes Brot).
⑧ Jetzt gegebenenfalls auch die »Zeitvorwahl« bedienen: Überlegen Sie, wann das Brot fertig gebacken sein soll.
⑨ Nun geht's los: Auf »Start« drücken!
⑩ Beim Programm »Rosinenbrot« ertönt nach einer gewissen Zeit ein Signalton: Alle Zutaten wie ganze Körner, Rosinen oder Früchte jetzt zugeben, den Deckel schließen. Das Programm läuft automatisch weiter.
⑪ Ist das Brot fertig, ertönt wieder ein Signalton: Jetzt die Stopp-Taste drücken, den Netzstecker ziehen und die Backform mit dem Topfhandschuh herausdrehen.
Das fertige Brot auf ein Gitter stürzen, mit einem Küchenhandtuch bedecken und gut auskühlen lassen.
⑫ Den Knethaken aus dem kalten Brot entfernen.

Das sollten Sie beim Backen mit dem Brotbackautomaten unbedingt beachten

- Der Automat muss eine genügend große, rutschfeste Standfläche haben.
- Backbehälter und Knethaken müssen ganz sauber und ohne Rückstände sein (nicht gut gesäuberte Knethaken sind eine ideale Brutstätte für Bakterien und Schimmel!).
- Die Lüftungsöffnungen müssen unter allen Umständen frei sein und einen guten Abstand zur Wand oder zu anderen Geräten haben (der Automat wird beim Backen ganz schön heiß!).
- Das Gerät nach dem ersten Knetvorgang nicht mehr öffnen, da das Aufgehen möglicherweise behindert wird.
- Mit Zeitvorwahl dürfen Sie nur arbeiten, wenn weder frische Eier, noch flüssiger Sauerteig, noch Milch oder Milchprodukte im Teig enthalten sind (bei Eiern besteht Salmonellengefahr, Milch und Milchprodukte werden sauer, Sauerteig kann »umkippen«!).
- Nehmen Sie das Brot sofort nach dem Backen aus dem Automaten, ansonsten »schwitzt« es stark nach, und es bilden sich Kondenswassertropfen in der Backform.

Hinweise zu den Rezepten für den Brotbackautomaten in diesem Buch

Die Rezepte sind alle so gehalten, dass ein fertiges Brot zwischen 750 Gramm und 1000 Gramm wiegt. Die Rezepte beziehen sich in der Reihenfolge der Angaben auf den Brotbackautomaten von Panasonic SD 250. Bei diesem Typ wird erst die Trockenhefe in den Backbehälter gegeben, dann alle anderen trockenen Zutaten. Die Flüssigkeit wird erst ganz zum Schluss zugefügt. Bei anderen Automaten geht es ähnlich oder umgekehrt. Lesen Sie bitte in der Gebrauchsanleitung Ihres Gerätes nach, welche Abfolge der Hersteller vorschlägt.

Vorteile beim Backen mit dem Automaten

- Der Arbeitsaufwand ist gering.
- Die Handhabung ist einfach.
- Außer der Waage brauchen Sie kein Küchenwerkzeug.
- Morgens haben Sie frisches Brot im Haus, ohne beim Bäcker anstehen zu müssen.
- Das Brot ist ohne Zusätze, ganz nach Ihrem eigenen Geschmack gebacken.
- Mit dem Automaten kann man ungeheuer viel ausprobieren und experimentieren.
- Der Brotautomat nimmt kaum etwas übel; denn das Backergebnis ist meist noch sehr akzeptabel, auch wenn die Teigkonsistenz nicht ganz gestimmt hat.
- Teige für Kleingebäck werden mühelos und perfekt gerührt und geknetet.

Nachteile beim Backen mit dem Automaten

- Das Brot aus dem Automaten hat immer die gleiche Form.
- Manche Brotliebhaber vermissen die knackige Brotkruste unten oder oben.
- Es bedarf einiger Übung, den Knethaken aus dem fertig gebackenen Brot herauszulösen, ohne dass ein großes Loch im Brot entsteht.
- Das Backerlebnis mit der »Handarbeit« fehlt.
- Sobald alle Zutaten im Automaten sind, kann der Herstellungsprozess nur schwer unterbrochen werden.
- Ist das Brot nicht ganz durchgebacken, ist es schwierig eine Nachbackzeit anzuschließen. Dies gilt besonders, wenn das Brot mit Vorwahlzeit gebacken wurde und der exakte Zeitpunkt für die Brotentnahme (Signalton) überhört wurde.
- Der Backautomat muss erst vollständig ausgekühlt sein (das dauert einige Zeit), bevor neues Brot angesetzt werden kann; d. h. man hat immer nur eine frisch gebackene Brotsorte zum Verzehr.
- Auch der Backautomat ist ein elektrisches Küchengerät, braucht Strom und Platz.

Trotz dieser Nachteile ist und bleibt der Backautomat eine echte Alternative zum herkömmlichen Brotbacken. Besonders Berufstätige genießen seine unerschöpflichen Möglichkeiten.

Mögliche Backfehler mit dem Automaten

- *Das Brot ist oben eingefallen: Reduzieren Sie die Flüssigkeitsmenge etwas!*
- *Das Brot ist innen sehr klebrig: Reduzieren Sie die Flüssigkeitsmenge oder erhöhen Sie die Mehlmenge!*
- *Das Brot ist zu stark aufgegangen: Reduzieren Sie die Hefemenge!*

BROTBACKEN – GANZ KONVENTIONELL

Beim konventionellen Brotbacken kommt man ohne große Gerätschaften aus.

Alle Geräte, die benutzt werden, sollten peinlich sauber sein, sonst nistet sich möglicherweise der Schimmel schon bei der Teigherstellung ein.

Diese Geräte brauchen Sie

Hände Das einfachste Gerät zur Teigzubereitung sind unsere fünf Finger. Bei einer Fortbildung vor vielen Jahren zum Thema »Brotbacken« hat der Referent die fünf Finger als »menschliche Kochlöffel« bezeichnet. Daran erinnere ich mich heute noch gerne, wenn ich meinen Brotteig mit diesem »Gerät« zubereite, rühre, knete und schlage. Das ist wirklich nicht schwer.

Schüssel Grundvoraussetzung für eine Teigzubereitung, die gelingen soll, ist eine große Schüssel von mindestens 30 Zentimeter Durchmesser. Ob Sie eine Kunststoffschüssel, eine Keramik-, eine Steingut-, oder eine Edelstahlschüssel bevorzugen, bleibt Ihrem eigenen Geschmack vorbehalten. Kunststoff hat den Vorzug, dass er unzerbrechlich ist und die Teigwärme besser hält, aber er nimmt auch gerne den Geschmack an. Deshalb ziehe ich persönlich eine Edelstahlschüssel vor, auch deshalb, weil sie leichter zu reinigen ist.

Teigschaber/Teigkarte Neben der richtigen Schüssel ist die Teigkarte aus Kunststoff oder der Teigschaber aus Gummi unentbehrlich. Die an der Schüssel hängen gebliebenen Teigreste können damit abgeschabt und der Teig kann problemlos portioniert werden.

Messbecher und Waage Beide Geräte sind vor allem für den Anfang wichtig, um sich bei den Zutatenmengen sicher zu sein. Später, wenn Sie die Mengen »in der Hand« haben, sind diese Geräte für das Gelingen des Rezepts nicht mehr »lebenswichtig«.

Backbrett oder Einschussbrett Nach dem Formen des Teiges ist es nützlich, das Backbrett bzw. das Einschussbrett zu verwenden, wenn Sie das Brot als Laib oder Stollen ohne Form »einschießen« wollen. Dazu bemehlen Sie das Einschussbrett gut, legen die geformten Teigstücke darauf, lassen sie zugedeckt noch etwas gehen und »schießen« sie dann vom Brett direkt in den vorgeheizten Brotbackofen. Sie können den Teig aber auch auf das Blech setzen und dieses sofort in den normalen Ofen schieben, der ebenfalls vorgeheizt sein sollte.

Handrührgerät, Handmixer, Küchenmaschine Mit diesen Geräten (und den dazu gehörigen Knethaken) können Sie selbstverständlich auch Brotteige zubereiten. Das Kneten geht damit etwas schneller und etwas leichter, besonders wenn es sich um schwere Teige handelt. Bei sehr schweren Teigen müssen Sie aber darauf achten, dass Handrührgerät oder Küchenmaschine nicht heiß laufen.

Backfehler beim konventionellen Brotbacken

- Das Brot ist im Inneren zu klebrig: Backdauer und Backtemperatur erhöhen!
- Das Brot ist insgesamt zu fest und hart: Backtemperatur reduzieren, Flüssigkeitsmenge erhöhen!
- Das Brot ist oben zu dunkel, innen aber noch nicht durch: auf die untere Backofenschiene stellen und Temperatur zurücknehmen!
- Das Brot ist zu flach: Flüssigkeitsmenge reduzieren oder Gehzeit verkürzen!
- Das Brot ist stark rissig: Gehzeit verlängern!

Vorteile des konventionellen Brotbackens

- Bei der Brotteigzubereitung spüren Sie das Erlebnis »Brotbacken«.
- Während des gesamten Prozesses der Teigzubereitung können Sie sofort eingreifen, z. B. etwas Mehl nachgeben, Wasser oder andere würzende Zutaten.
- Sie können den Backvorgang dann beginnen, wenn der Teig wirklich seine Reife erreicht hat.

Nachteile des konventionellen Brotbackens

- Ihre Zeitplanung muss perfekt sein.
- Sie können das Brot nicht über Nacht unbeaufsichtigt im Rohr backen.

Die Backtemperaturen

Die in den Rezepten angegebene Backtemperatur bezieht sich stets auf den konventionell beheizten Elektrobackherd. Bei Heißluftherden liegt die Temperatur um ca. 20 °C niedriger. Die folgende Übersicht soll Ihnen helfen, die jeweils richtige Temperatur bzw. Schaltstufe zu finden:

Herkömmlicher Elektroherd	Heißluft	Schaltstufe beim Gasherd
160 °C	140 °C	1
180 °C	160 °C	2
200 °C	180 °C	3
220 °C	200 °C	4
240 °C	220 °C	5

Planen Sie das Brotbacken richtig in Ihren Tagesablauf ein, damit Sie nicht unter Zeitdruck geraten und der Teig deshalb eventuell nicht ganz aufgehen kann.

Generell rechnet man etwa 1 Stunde Backzeit für 1 Kilogramm Brot.

Grundregeln & Grundrezepte

Gute Planung ist alles

An dieser Stelle kann ich gleich mit einem alten Vorurteil aufräumen: Brotteige mit der Hand oder der Küchenmaschine herzustellen ist weder viel anstrengender, noch braucht es viel mehr Zeit als das Arbeiten mit dem Automaten. Mit entsprechender Organisation (z. B. mit vorbereitetem Sauerteig im Kühlschrank) und guter Planung ist die Zubereitung kein großer Aufwand.

Brotbacken ist nicht schwer – mit unseren Grundregeln wird es auch für Anfänger ein Kinderspiel.

Stellen Sie alle Zutaten, die Sie benötigen, schon einige Stunden vorher bereit, damit diese die Raumtemperatur annehmen.

Die wichtigsten Grundregeln für das herkömmliche Brotbacken

Nur keine Angst, es ist wirklich nicht schwer, Brot selbst zu backen. Das können alle BrotbäckerInnen bestätigen, die schon längst Profi in ihrer eigenen Backstube sind. Damit aber auch Anfängerinnen und Anfängern das Brotbacken leicht gelingt, hier die wichtigsten Grundregeln.

Grundregel Nummer 1 Die wichtigsten Zutaten heißen Zeit und Geduld.
Das bedeutet nicht, dass man seine gesamte Zeit mit Brotbacken verbringen muss; vielmehr braucht der Brotteig selbst Zeit, um sich zu entfalten. Brotteig wird nämlich nur locker, wenn er genug Zeit zum Gehen hat.

Grundregel Nummer 2 Ebenso wichtig wie Zeit sind Wärme und Zugfreiheit. Die Küche muss also gleichmäßig temperiert und möglichst zugfrei sein, auch alle Zutaten sollten zimmerwarm verarbeitet werden.

Grundregel Nummer 3 Mit der verwendeten Mehlsorte (Getreideart) ändern sich Teigbeschaffenheit, Teigstruktur, Geschmack und Aussehen. Zum Brotbacken für Neulinge eignen sich wegen des hohen Klebereiweiß-Anteiles besonders die Mehle von Weizen und Dinkel in Verbindung mit Hefe. Roggenmehl ist wegen des geringen Kleberanteils überwiegend mit Sauerteig backfähig.

Grundregel Nummer 4 Jeder Grundteig, den man mit hellem Mehl (Auszugsmehl) herstellen kann, lässt sich auch mit Vollkornmehl zubereiten.
Allerdings braucht dieses Mehl wegen seiner Ballaststoffe mehr Flüssigkeit, d. h. die Teige sollten etwas weicher sein als Weißmehlteige. Auch verlängert sich die Quell- und Gehzeit des Teiges.

Grundregel Nummer 5 Vollkornmehle sollten so fein wie möglich gemahlen sein. Grob gemahlenes Mehl (Schrot) kann nur in Verbindung mit fein gemahlenem Mehl ein gutes Backergebnis bringen; denn grobe, schwere Mehlpartikel vermindern die Triebwirkung von Hefe oder Sauerteig.

Grundregel Nummer 6 Um sicher zu sein, dass das Brot fertig und durchgebacken ist, empfiehlt es sich bei Broten in der Brotform eine »Stäbchenprobe« zu machen: Stechen Sie mit einem Holzzahnstocher oder einem langen Schaschlikstab aus Holz tief in die Mitte des Brotes. Kommt das Stäbchen trocken heraus, ist das Brot fertig.
Für Brote ohne Backform und für Brötchen ist die »Klopfprobe« das sicherste Zeichen, dass das Backwerk fertig ist: Klopfen Sie mit dem Fingerknöchel auf die Rückseite des Brotes oder Brötchens. Klingt es hohl, können Sie es aus dem Backofen nehmen.

Die nötigen Treibbmittel

Ein Treibmittel lockert den Teig. Je nach verarbeitetem Mehl unterscheiden sich die Treibmittel und die Zeit, die sie zur Entfaltung brauchen. Grundsätzlich gilt:

Hefe bringt den Teig am schnellsten auf Trab. Sie wird in erster Linie für Weizen- und Dinkelbrote verwendet. Diese Brote haben wenig Eigengeschmack. Um sie herzhafter zu machen, kann man den Teig mit Buttermilch herstellen. Das Ergebnis ist ein leichtes Brot, das allerdings bald verzehrt werden sollte.

Hinweis Hefe darf nie über 40 Grad erwärmt werden (Frischhefe also nicht in der Sonne liegen lassen!). Sie entfaltet die beste Triebkraft bei Temperaturen zwischen 30 und 37 °C. Hefe gärt außerdem besser, wenn etwas Zucker oder ein anderes Süßungsmittel direkt zugegeben wird.

Sauerteig wird meist zur Verarbeitung von Roggenmehl verwendet. Roggenbrote haben einen typischen, kräftigen Geschmack. Sie sind nicht ganz so locker wie Weizenbrote, dafür aber sehr haltbar.

Backferment gilt als gutes, geschmacksneutrales Treibmittel für Brot. Es ist eine Art Sauerteig aus Weizen, Wasser, Honig und Erbsmehl. In Reformhäusern und Naturkost-Fachgeschäften wird er als Trockengranulat angeboten (z. B. Sekowa-Spezial-Backferment nach Hugo Erbe). Backferment muss in zwei Schritten aktiviert werden, bevor es als lockernder, gärender Ansatz dem Mehl zugefügt wird. Wer Backferment verwendet, muss sich strikt an die ausführliche Anleitung auf der Packung halten!

Backpulver – das herkömmliche Kuchentreibmittel wird selten in Brotteigen verwendet. Brotteige, besonders solche aus Vollkornmehl, sind schwerer als Kuchenteige, deshalb ist Backpulver im Grunde wenig geeignet, den Brotteig zu lockern.

Treibmittel machen den Brotteig luftig und locker.

Backferment eignet sich sowohl für Roggen- als auch für Weizenbrote. Das Brot wird elastisch und zugleich locker und schmeckt neutral (nicht nach Sauerteig).

Hefeteig

Grundsätzlich rechnet man im Durchschnitt für ein Hefebrot:

- 20 bis 30 Gramm frische Hefe (2 Teelöffel Trockenhefe) auf 500 Gramm Mehl
- 40 bis 50 Gramm Hefe (3 1/2 – 4 Teelöffel Trockenhefe) auf 1000 Gramm Mehl
- 150 bis 200 Gramm Sauerteig auf 1 Kilogramm Mehl (bei kleineren Hefeteigbroten und kürzerer Gehzeit)
- 100 bis 125 Gramm Sauerteig auf 1 Kilogramm Mehl (bei großen Brotlaiben und längerer Gehzeit)

Brotteig mit frischer Hefe

ZUTATEN

- *500 g Mehl (Type 550)*
- *25 g Hefe*
- *Etwas Zucker*
- *Ca. 300 ml lauwarmes Wasser*
- *1/2 TL Salz*
- *Gewürze nach Belieben*

1 Mehl in eine Schüssel geben, in die Mitte eine Vertiefung drücken, 1 Prise Zucker dazustreuen und die Hefe hineinbröckeln. Die Hefe mit etwas lauwarmem Wasser und etwas Mehl zu einem Vorteig verrühren.

2 Die Schüssel mit einem Tuch bedecken und den Vorteig an einem warmen Ort gehen lassen, bis sich sein Volumen etwa verdoppelt hat.

3 Salz, evtl. Gewürze und restliches Wasser nach und nach dazugeben und mit den Händen (dem Handmixer mit Knethaken oder der Küchenmaschine) zu einem elastischen Teig verkneten.

4 Den Teig so lange kneten, bis er sich vom Schüsselrand löst und einen glänzenden, runden Teiglaib ergibt.

5 Die Schüssel erneut zudecken und den Teig an einem warmen, zugfreien Ort gehen lassen, bis sich sein Volumen verdoppelt hat.

6 Den Teig nochmals kurz durchkneten und formen oder in eine vorbereitete Form geben. Den Teig nochmals gehen lassen. Inzwischen den Backofen vorheizen (genaue Angaben siehe jeweiliges Rezept).

TIPPS

- Die Form muss gründlich ausgefettet sein. Nehmen Sie dazu möglichst wasserarme Fette, z. B. Öl.
- Wollen Sie das Brot mit Gewürzen bestreuen, bestreichen Sie die Teigoberfläche erst unmittelbar vor Backbeginn mit Wasser, Milch (auch Kaffee) oder einer anderen Flüssigkeit, und verteilen Sie dann die Gewürze darauf.

BROTTEIG MIT TROCKENHEFE

ZUTATEN

- *4 Becher (à ca. 75 g) Weizenmehl (Type 550)*
- *1 Pck. Trockenhefe (7 g)*
- *1 Prise Zucker*
- *1/2 TL Salz*
- *1 Becher Wasser (ca. 145 ml)*

1 Mehl, Trockenhefe, Zucker und Salz mischen. Das Wasser zulaufen lassen und mit den Knethaken des Handrührgeräts zu einem elastischen Teig verarbeiten.

2 Den Teig so lange kneten, bis er sich vom Schüsselrand löst und einen glänzenden, runden Teiglaib ergibt.

3 Die Schüssel zudecken und den Teig an einem warmen, zugfreien Ort gehen lassen, bis sich sein Volumen verdoppelt hat.

4 Den Teig nochmals kurz durchkneten und formen oder in eine vorbereitete Form geben. Den Teig nochmals gehen lassen. Inzwischen den Backofen vorheizen.

TIPPS

- Frische Hefe, die in Würfelform (ca. 42 Gramm) angeboten wird, lässt sich durch Trockenhefe ersetzen. Trockenhefe ist in Päckchen zu 7 oder 11 Gramm erhältlich und sehr gut für den Vorrat geeignet. Je nach Größe entspricht sie 1/2 oder 1 ganzen Würfel Frischhefe (die genaue Angabe finden Sie auf der Päckchenrückseite).
- Hefeteig lässt sich auch in Langzeitteigführung (kalte Zutaten, kalter Ruheort) herstellen. Dieser Teig braucht zum Gehen viel länger, hat aber den Vorteil, dass ein Teil des Teiges abgenommen und im Schraubglas im Kühlschrank als Vorrat aufbewahrt werden kann. Ein Rezept für ein Weizenbrot mit Langzeitteigführung finden Sie auf Seite 40.

SAUERTEIG

Um den Gärvorgang bei der Sauerteigherstellung anzukurbeln, legen Backerfahrene Zwiebelringe auf den Sauerteigansatz oder fügen etwas Sauerkrautsaft zu.

Sauerteig gibt es offen beim Bäcker zu kaufen, aber auch abgepackt als Flüssigsauerteig oder als Sauerteiggranulat im Supermarkt oder Naturkostladen. Wer Sauerteig selbst herstellen will, muss ihn vier Tage vor der geplanten Brotzubereitung ansetzen. Hinweis: In der Verbindung von Roggenmehl, Wasser, Wärme und Zeit bilden sich Bakterien und Hefen. Sie gedeihen nur bei einer gleichmäßigen Temperatur von etwa 27 °C. Das Teigvolumen muss sich nach der Gärzeit verdoppelt haben. Sauerteig ist fertig, wenn er an der Oberfläche Bläschen zeigt und säuerlich riecht.

BROTTEIG MIT SAUERTEIG I

ZUTATEN

- *1/8 l lauwarmes Wasser*
- *Ca. 125 g Roggenmehl (Type 997)*
- *1 Prise gemahlener Kümmel*
- *Etwas Buttermilch*

1 Das Wasser mit dem Roggenmehl zu einem sämigen Brei verrühren. Kümmel und Buttermilch untermischen. Den Teig zudecken und 3 Tage an einem zugfreien, warmen Ort stehen lassen, ab und zu umrühren. Am dritten Tag ist der Teig von Bläschen durchsetzt und riecht säuerlich.

2 1/8 l lauwarmes Wasser und so viel Roggenmehl (wieder ungefähr 125 Gramm) dazugeben, bis ein dickflüssiger Teig entsteht.
Den Teig wiederum abdecken und noch 1 Tag an einen warmen Ort stellen, bevor er endgültig verwendet wird.

BROTTEIG MIT SAUERTEIG II ▸

ZUTATEN

- *150 g frisch gemahlener Roggen*
- *150 ml lauwarmes Wasser*
- *1 Prise gemahlener Kümmel*
- *1 Löffelspitze Honig*

1 Je ein Drittel von Roggen und Wasser mit Kümmel und Honig verrühren, in ein größeres, verschließbares Glas geben, abdecken und 24 Stunden warm und zugfrei stehen lassen.

2 Jetzt wieder 50 Gramm frisch gemahlenen Roggen und 50 Milliliter lauwarmes Wasser unterrühren, den Teig wieder abdecken und warm 24 Stunden stehen lassen.

3 Wieder frisch gemahlenen Roggen und 50 Milliliter lauwarmes Wasser unterrühren, den Teig erneut 24 Stunden stehen lassen. Dann ist der Sauerteig fertig.

Ein Rezept für ein Sauerteigbrot mit den entsprechenden Mengenangaben finden Sie auf Seite 42.

Sauerteigbrot backen

1 Für den Vorteig am Vorabend des Backtages den Sauerteig mit ca. 1/4 Liter Wasser und so viel Roggenmehl anrühren, dass man einen dickflüssigen Teig erhält. Diesen zugedeckt bei Zimmertemperatur 8 bis 12 Stunden (am besten über Nacht) gehen lassen.

2 Dann den Vorteig mit Mehl, Wasser, Salz und Gewürzen fertig stellen. Den Teig (eventuell in einer Plastiktüte) zugedeckt bei Zimmertemperatur ca. 1 Stunde ruhen lassen, bis er sichtbar gegangen ist. Das ist meist nach etwa 1 Stunde der Fall.

3 Nun den Teig in ein Teigkörbchen oder in eine Form geben und zugedeckt noch ca. 1 Stunde ruhen lassen. Das Teigvolumen soll sich danach erheblich vergrößert haben!

4 Den Backofen vorheizen (reines Sauerteigbrot wird zunächst auf großer Hitze angebacken). Die Temperatur dann nach den jeweiligen Rezeptangaben reduzieren und das Brot in der angegebenen Zeit fertig backen.

Sauerteig aufbewahren

- Fertigen Sauerteig mit so viel Roggenmehl kneten, dass er bröselig wird. So kann er in einem verschließbaren Gefäß für einige Monate im Kühlschrank aufbewahrt werden.
- Nach dem Gehen des Vorteiges etwa 50 Gramm abnehmen und in ein Schraubglas geben. Das Glas sollten Sie wegen der Gasentwicklung nicht zu fest zudrehen. So kann Sauerteig gut 4 Wochen im Kühlschrank aufbewahrt werden.
- All diese Anstrengungen können Sie sich ersparen, wenn Sie einen Brotbackautomaten besitzen. Das einzige, was Sie dann vorzubereiten haben, ist die Herstellung des Sauerteiges – falls Sie Wert auf selbst hergestellten Sauerteig legen. Ansonsten gibt es, wie erwähnt, genug Möglichkeiten, fertigen Sauerteig in guter Qualität zu kaufen.

Brotteig mit Backferment

Wer mit Backferment arbeiten möchte, braucht einen Grundansatz und das Backferment. Den Grundansatz kann man fertig kaufen oder selbst herstellen (der Sekowa-Backferment-Dose liegt ein Rezept für einen Grundansatz bei).

Fermentbrot

1 Für den Vorteig Grundansatz und Backferment mit etwas Wasser glatt rühren, Mehl und restliches Wasser untermengen. Den Teig gut abgedeckt an einem warmen Ort bei 20 bis 25 °C mindestens 12 Stunden ruhen lassen.

2 Für den Hauptteig alle Zutaten zu einem geschmeidigen, nicht zu festen Teig verkneten. Den Teig 40 bis 45 Minuten zugedeckt an einem warmen Ort ruhen lassen, danach mit etwas Mehl bestreuen und nochmals durchkneten.

3 Eine Backform einfetten, den Teig hineingeben und abgedeckt an einem warmen Ort weitere 40 bis 50 Minuten ruhen lassen (die Oberfläche darf nicht austrocknen!). Die Gärzeit ist beendet, wenn der Teig leicht gewölbt ist und sich an der Oberfläche kleine Risse zeigen.

4 Den Backofen auf 220 °C vorheizen, ein Schälchen mit heißem Wasser auf den Boden des Ofens stellen. Das Fermentbrot ca. 1 Stunde backen.

TIPPS

- Der Vorteig kann bis zu 20 Stunden ruhen. Nach dieser Zeit muss eine lebhafte Gärung zu sehen sein: Reißt man die obere Schicht des Teiges auf, sollten sich viele Gasbläschen zeigen.
- Die Mehlmenge für ein Fermentbrot sollte ca. 1 Kilo betragen, die Wassermenge richtet sich nach der Mehlart.

Generelle Anmerkungen zu den Rezepten

- In den einzelnen Kapiteln finden Sie am Anfang die Rezepte für den Brotbackautomaten, dann folgen die Rezepte, die Sie sowohl konventionell als auch mit dem Automaten herstellen können, am Ende die Rezepte, die Sie nur konventionell herstellen können.
- Die Flüssigkeitsangaben sind Zirkaangaben. Je nach Mehlart können sie variieren.
- Frische Hefe kann grundsätzlich durch Trockenhefe ersetzt werden. Da es unterschiedlich große Päckchen gibt, achten Sie bitte auf die Päckchenangaben!
- Trockensauerteig oder Sauerteiggranulat (z. B. Vollkornsauerteig von »Natura«) wird dem Mehl wie Trockenhefe zugefügt. In Verbindung mit Trockenhefe reichen 2 leicht gehäufte Esslöffel (ca. 15 Gramm) für 500 Gramm (Vollkorn-)Mehl.
- Passen Sie die Reihenfolge der Zutaten Ihrem Automaten an!

Zutaten

Für den Vorteig

- *10 g Grundansatz (1 gut gehäufter TL)*
- *3 g Backferment (1 leicht gehäufter TL)*
- *300–400 g Vollkornmehl*
- *300–400 ml lauwarmes Wasser (ca. 30 °C)*

Für den Hauptteig

- *600–700 g Vollkornmehl*
- *Ca. 15 g Salz*
- *350–450 ml sehr warmes Wasser (ca. 50 °C)*

Für jeden Tag: einfache & deftige Brote

Brote aus dem Automaten

Passen Sie die Reihenfolge der Zutaten Ihrem Automaten an!

Nutzen Sie die vielfältigen Möglichkeiten des Brotbackautomaten um Ihre Lieben und sich selbst mit frischem, schmackhaften und gesunden Brot zu verwöhnen. Sie werden staunen, wie schnell das frische Brot Abnehmer findet!

Sesam-Kümmel-Brot mit Weizengriess

▪ 2 TL Trockenhefe ▪ 1 TL Zucker ▪ 500 g Weizenmehl (Type 550) ▪ 2 Eier ▪ 125 g weiche Butter ▪ 1 EL Salz ▪ 3 EL Sesam ▪ 5 EL Wasser ▪ 1/8 l Milch

Programm: Normal Brot, Größe: L, Bräunung: dunkel

VARIANTE Teilen Sie die Mehlmenge auf in 200 Gramm Weizenmehl (Type 1050), 250 Gramm Weizenmehl (Type 550), 50 Gramm Weizengrieß, reduzieren Sie die Sesammenge auf 2 Esslöffel und fügen Sie 1 Esslöffel Kümmelsamen hinzu.

Ein lockeres leichtes Brot, das mit süßen Aufstrichen ebenso harmoniert wie mit deftigen oder sauren Beigaben.

Buttermilch-Kürbiskern-Brot

▪ 1 1/2 TL Trockenhefe ▪ Etwas Zucker ▪ 500 g Weizenvollkornmehl ▪ 4 EL Kürbiskerne ▪ 350 ml Buttermilch

Programm: Vollwert Brot, Größe: L, Bräunung: mittel

Mildes Olivenbrot

▪ 1/2 Würfel frische Hefe ▪ 1/2 TL Zucker ▪ 300 g Roggenmehl (Typ 1150) ▪ 200 g Dinkelmehl (Type 1050) ▪ 2 TL Salz ▪ Etwas frisch gemahlenen Pfeffer ▪ 1 EL frische, grob geschnittene Rosmarinnadeln ▪ 1 TL Butter ▪ 1 TL Olivenöl ▪ 25 schwarze, in feine Scheiben geschnittene Oliven ▪ 350 ml Wasser ▪ 2 EL flüssiger Sauerteig

Programm: Normal Brot, Größe: L, Bräunung: mittel

Sojabrot

■ *30 g frische Hefe* ■ *1 TL Zucker* ■ *400 g Dinkelvollkornmehl* ■ *200 g Sojamehl (vollfett)* ■ *420 ml Wasser* ■ *2 TL Salz*

Programm: Vollwert Brot, Größe: XL, Bräunung: dunkel

Sojamehl enthält viel Eiweiß und wird deshalb zur Aufwertung von Speisen, aber auch zum Brotbacken verwendet. Sojamehl ist glutenfrei.

Kräuterbrot

■ *1 Würfel frische Hefe* ■ *1 TL Zucker* ■ *400 g Dinkelvollkornmehl* ■ *100 g Maismehl* ■ *Insgesamt 4 EL frische und klein geschnittene Kräuter (Thymian, Majoran, Petersilie)* ■ *2 TL Salz* ■ *2 TL Obstessig* ■ *380 ml Wasser*

Programm: Vollwert Brot, Größe: L, Bräunung: mittel

Buttermilch-Salatgurken-Brot

■ *1 1/2 TL Trockenhefe* ■ *1 TL Zucker* ■ *400 g Weizenmehl (Type 550)* ■ *100 g fein gemahlenes Buchweizenmehl* ■ *1 1/2 TL Salz* ■ *120 g Salatgurke (grob geraspelt)* ■ *1 Bund frischer Dill (fein geschnitten)* ■ *320 ml Buttermilch*

Programm: Normal Brot, Größe: L, Bräunung: dunkel

Dill lässt sich im Bund wunderbar frosten! In Alufolie eingepackt ist dieses Kraut jederzeit zu gebrauchen. Vor allem kann man es gefroren sehr gut klein schneiden.

Fränkisches Kartoffelbrot

■ *2 EL Trockensauerteig* ■ *1 TL Trockenhefe* ■ *1 TL Zucker* ■ *300 g Roggenmehl (Type 997)* ■ *300 g Weizenmehl (Type 550)* ■ *200 g gekochte und geriebene kalte Kartoffel* ■ *2 TL Salz* ■ *1 EL Rosmarin gerebelt* ■ *1 TL Majoran gerebelt* ■ *1 EL Bierhefeflocken* ■ *450–500 ml kalte Gemüsebrühe (aus 1 Brühwürfel Gemüsebrühe und 1/2 l Wasser)*

Programm: Normal Brot, Größe: XL, Bräunung: mittel

Brote aus dem Backofen oder dem Automaten

Passen Sie die Reihenfolge der Zutaten Ihrem Automaten an!

Viele herkömmlichen Rezepte zum Brotbacken sind auch für den Automaten geeignet. Probieren Sie es aus: per Hand oder im Automaten – ganz nach Zeiteinteilung, Lust und Laune!

Weizenlaib (Grundrezept)

Zutaten

- *30 g frische Hefe*
- *300 ml lauwarme Milch*
- *500 g Weizenmehl (Type 550)*
- *1 TL Zucker*
- *1 TL Salz*
- *40 g zimmerwarme Butter*

1 Die Hefe in einer Tasse mit etwas Milch auflösen. Mehl in eine Schüssel füllen. Zucker, Salz, Butter, angerührte Hefe und Milch dazugeben.

2 Den Teig mit den Knethaken des Handrührgerätes (oder der Küchenmaschine) so lange kneten, bis er glänzend und elastisch ist.

3 Den Teig mit einem Küchentuch abdecken und an einem warmen Ort bis zur doppelten Größe aufgehen lassen, das dauert zwischen 20 und 30 Minuten, je nach Raumtemperatur.

4 Den Teig nochmals durchkneten, zum Brotlaib formen, auf ein bemehltes Blech legen, abdecken und mindestens 30 Minuten gehen lassen, bis sich der Teig wieder sichtbar vergrößert hat.

5 Den Backofen auf 200 °C (Umluft 180 °C, Gas Stufe 3) vorheizen. Den Teiglaib mit lauwarmem Wasser bepinseln, dann 40 bis 50 Minuten backen.

Programm: Normal Brot oder Normal Brot schnell, Größe: L, Bräunung: mittel

Variante

Kräuterkastenbrot

Nach dem gleichen Rezept das Brot zubereiten, nur anstelle von Salz Kräuter- oder Knoblauchsalz verwenden und zusätzlich 3 Esslöffel frische und klein gehackte Kräuter (z. B. Petersilie, Schnittlauch, Dill, Kresse) unterkneten. Das Kräuterbrot muss etwas länger geknetet werden, damit sich die Kräuter schön in den Teig mischen. Gehen lassen wie oben beschrieben, dann in eine gefettete Kastenform geben und wie oben backen.

SESAM-WEIZEN-BROT

1 Für den Vorteig Weizenmehl in eine vorgewärmte Schüssel sieben, in die Mitte eine Mulde drücken, Hefe hineinbröckeln, mit Zucker und Wasser zusammen einen Vorteig rühren.

2 Den Vorteig mit einem Tuch bedeckt 20 Minuten an einem warmen Ort ruhen lassen.

3 Milch, Eier und Butter zugeben, mit den Knethaken des Handrührgeräts so lange kneten, bis der Teig sich vom Schüsselrand löst und glänzt. Die Teigkugel abdecken und wieder 20 Minuten ruhen lassen.

4 Salz und Sesam unter den Teig kneten, einen Laib formen, auf ein bemehltes Blech setzen, abdecken und nochmals 30 Minuten gehen lassen.
Backofen auf 200 °C (Umluft 180 °C, Gas Stufe 3) vorheizen, Blech einschieben und das Brot etwa 50 Minuten goldbraun backen.

Programm: Normal Brot, oder Normal Brot schnell, Größe: L, Bräunung: mittel

ZUTATEN

- *500 g Weizenmehl (Type 550)*
- *25 g frische Hefe*
- *1 TL Zucker*
- *5 EL lauwarmes Wasser*
- *1/8 l lauwarme Milch*
- *2 Eier*
- *125 g weiche Butter*
- *1 EL Salz*
- *3 EL Sesam*

WEIZENSCHROTBROT

1 Für den Vorteig die Mehlsorten miteinander mischen und eine Mulde hineindrücken. Die Hefe hineinbröckeln, mit Milch, Zucker und Salz zu einem Vorteig verrühren und diesen zugedeckt auf die doppelte Größe gehen lassen.

2 Danach mit allen anderen Zutaten einen glatten, halbfesten Teig kneten und diesen zugedeckt an einem warmen Ort ca. 1 Stunde ruhen lassen.

3 Den Backofen auf 200 °C (Umluft 180 °C, Gas Stufe 3) vorheizen. Den Teig in vier gleichgroße Stück teilen und zu Laiben formen, anschließend auf ein bemehltes Backblech setzen und mit etwas Milch bestreichen. In den Backofen schieben und auf der mittleren Schiene backen, bis die Brotlaibe goldgelb sind.

Programm: Normal Brot, Größe: L, Bräunung: dunkel

ZUTATEN

- *300 g Weizenschrot*
- *200 g Weizenmehl (Type 550)*
- *20 g frische Hefe*
- *Ca. 1/8 l zimmerwarme Milch*
- *1 TL Zucker*
- *1 TL Salz*
- *Ca. 1/4 l zimmerwarmes Wasser*
- *1 TL zerstoßener Anis*
- *1 TL zerstoßener Fenchel*

Hafer-Kresse-Brot ▸

ZUTATEN
- 20 g Hefe
- 350 ml lauwarme Milch
- 1/2 TL Zucker
- 250 g Weizenmehl (Type 550)
- 100 g Weizenmehl (Type 405)
- 2 EL Öl
- 150 g feine Haferflocken
- 1 TL Salz
- 2 Kästchen Kresse

Außerdem
- Kernige Haferflocken
- Etwas Milch

1 In einer großen Schüssel Hefe, 200 Milliliter Milch und Zucker verrühren, zwei Drittel des Mehls dazugeben und unterrühren. Den Teig mit einem Küchentuch abdecken und 30 Minuten an einem warmen Ort gehen lassen.

2 Die restliche Milch, Salz, Haferflocken und Kresse unterkneten, bis sich der Teig vom Schüsselrand löst. Dann aus dem Teig 1 oder 2 längliche Laibe formen und in den kernigen Haferflocken wälzen, auf ein gefettetes Backblech legen, zudecken und weitere 30 Minuten ruhen lassen.

3 Den Backofen auf 220 °C (Umluft 200 °C, Gas Stufe 4) erhitzen. Das Haferbrot gut mit Milch bestreichen und je nach Größe 40 bis 50 Minuten backen. Kurz vor Ende der Backzeit nochmals mit Milch bestreichen.

Programm: Rosinenbrot, Größe: L,
Bräunung: mittel

TIPP Im Automaten braucht der Teig etwas mehr Flüssigkeit (insgesamt ca. 400 Milliliter Milch). Nach Ertönen des Signals wird die Kresse zugefügt.

Würziges Vollkorn-Lauch-Brot

ZUTATEN
- 20 g Hefe
- 350 ml lauwarmes Wasser
- 1 TL Meersalz
- 500 g Weizenvollkornmehl
- 1 kleine Stange Lauch
- Frische Rosmarinnadeln (von 2 Zweiglein)
- 15 frische Basilikumblätter
- 1 kleine Zwiebel
- 60 g zimmerwarme Butter

1 Die Hefe mit etwas Wasser verrühren, mit dem restlichen Wasser, Salz und Mehl zu einem elastischen Teig verarbeiten.

2 Lauch und Kräuter waschen, gut trockentupfen. Zwiebel, Lauch, Kräuter sehr fein schneiden und mit der Butter gründlich unter den Teig kneten. Den Brotteig 2 Stunden zugedeckt in der Schüssel gehen lassen.

3 Den Teig nochmals kräftig kneten und zu 2 Laiben formen. Auf ein mit Backpapier ausgelegtes Blech geben und abschließend weitere 30 Minuten zugedeckt ruhen lassen.

4 Den Ofen auf 250 °C (Umluft 230 °C, Gas Stufe 5–6) vorheizen, das Brot bei dieser Temperatur 5 bis10 Minuten backen. Die Temperatur dann auf 180 °C (Umluft 160 °C, Gas Stufe 2) reduzieren und das Brot weitere 40 bis 45 Minuten backen.

Programm: Vollwert Brot, Größe: L,
Bräunung: mittel

EINFACHES DINKELVOLLKORNBROT

ZUTATEN

- *20 g frische Hefe*
- *Ca. 3/8 l lauwarmes Wasser*
- *1 TL Honig*
- *500 g Dinkelvollkornmehl*
- *1 TL Salz*
- *50 g zimmerwarme Butter*

1 Die Hefe mit der Hälfte des Wassers und dem Honig verrühren. Mehl in eine große Schüssel geben und das Honig-Hefe-Wasser zugießen.

2 Die Zutaten mit den Händen oder dem Handrührgerät zu einem geschmeidigen Teig kneten, dabei das restliche Wasser und das Salz, zum Schluss die zimmerwarme Butter darunter arbeiten.

3 Die Schüssel abdecken und den Teig an einem zugfreien, warmen Ort mindestens 30 Minuten gehen lassen.

4 Den Teig nochmals gut durchkneten und weitere 15 Minuten ruhen lassen. Den Ofen auf 250 °C (Umluft 230 °C, Gas Stufe 5–6) vorheizen.

5 Aus dem Teig mit bemehlten Händen 3 bis 4 kleine Brote formen und diese auf ein gut bemehltes Backblech setzen. Die Teiglaibe abdecken und weitere 15 Minuten gehen lassen.

6 Die Brote im heißen Backofen 3 Minuten backen, dann die Temperatur auf 190 °C (Umluft 170 °C, Gas Stufe 2–3) zurückschalten und die Brote noch weitere 20 Minuten backen.

Programm: Normal Brot, Größe: L, Bräunung: mittel

BUTTERMILCH-WEIZEN-LAIB

ZUTATEN

Für den Teig

- *30 g Hefe*
- *350 ml lauwarme Buttermilch*
- *Etwas Zucker*
- *500 g Weizenvollkornmehl*
- *1 1/2 TL Salz*

1 Die Hefe in eine große Schüssel bröckeln und mit der Buttermilch und dem Zucker verrühren. Das Mehl langsam zugeben, zuletzt das Salz hinzufügen. Die Zutaten mit der Hand oder den Knethaken des Handrührgeräts zu einem glatten Teig verkneten, das dauert 6 bis 10 Minuten. Den Teig an einem warmen Ort zugedeckt etwa 60 Minuten gehen lassen.

2 Den Backofen auf 220 °C (Umluft 200 °C, Gas Stufe 4) vorheizen, eine Schale mit heißem Wasser auf den Ofenboden stellen (sichert ein gleichmäßiges Aufgehen beim Backen).

3 Den Teig nochmals kräftig kneten, zu einem Laib formen und auf ein bemehltes Backblech legen.

4 Den Teig zugedeckt weitere 10 Minuten ruhen lassen, dann mit warmem Wasser bestreichen und nach Belieben mit Sonnenblumenkernen, Kürbiskernen, Leinsamen, Sesam oder Haferflocken bestreuen. Das Brot auf der mittleren Schiene 50 bis 60 Minuten backen.

Programm: Vollwert Brot, Größe: L, Bräunung: mittel

TIPPS

- Die Buttermilch macht dieses Brot besonders frisch und haltbar. Sie kann aber auch durch die gleiche Menge Wasser ersetzt werden.
- Durch Zugabe von etwas Sojamehl (etwa 1 Esslöffel) wird der Teig besonders locker. Aus dem gleichen Teig lassen sich ebenso gut kleine Brötchen backen. Die Backzeit beträgt dann nur rund 25 Minuten.

Zum Bestreuen

- *Sonnenblumenkerne*
- *Kürbiskerne*
- *Leinsamen*
- *Sesam oder Haferflocken nach Belieben*

KÖRNIGES MAISBROT

SCHNELLES BROT MIT BACKPULVER

1 Die Butter mit dem Ei schaumig rühren. Mehle und Backpulver in eine Schüssel sieben, das Salz zugeben.

2 Den Safran in etwas Wasser auflösen. Das restliche Wasser mit der Milch und dem aufgelösten Safran mischen.

3 Die Butter-Eier-Mischung mit den Mehlen und der Safranflüssigkeit zu einem Teig verrühren. Zum Schluss den Reis untermischen.

4 Den Backofen auf 200 °C (Umluft 180 °C, Gas Stufe 3) vorheizen. Eine kleine Kastenform ausbuttern, den Teig hineinfüllen und ca. 30 Minuten backen.

5 Das fertige Brot sofort aus der Form nehmen und erkalten lassen.

Programm: Normal Brot schnell, Größe: M, Bräunung: mittel

TIPP Dieses Brot ist für kleine Haushalte ideal. Es ist schnell gebacken, eignet sich optimal für die Verwertung von übrig gebliebenem Reis und schmeckt wunderbar zu pikant gewürzten Gemüsegerichten.

ZUTATEN

- *50 g weiche Butter*
- *1 Ei*
- *125 g feines Maismehl*
- *50 g Weizenmehl (Type 550)*
- *2 TL Backpulver*
- *1/2 TL Salz*
- *1/2 TL Safran*
- *1/8 l Wasser*
- *1/8 l Milch*
- *150 g gekochter kalter Reis*
- *Butter für die Form*

HERKÖMMLICH ZUBEREITETE BROTE

Brotteige, die in herkömmlicher Arbeitsweise zubereitet werden, sehen meist größere Mehlmengen vor, weil davon ausgegangen wird, dass nicht alle zwei Tage ein frisches Brot gebacken wird.

ZUTATEN

Für den Vorteig

- *300 ml kaltes Wasser*
- *1/2 TL Honig*
- *1 erbsengroßes Stück Hefe*
- *250 g Weizen*

Für die weitere Teigführung

- *Rest des Vorteiges (mindestens aber 3–4 EL Vorteig)*
- *Ca. 650 ml kaltes Wasser*
- *1 TL jodiertes Meersalz*
- *2 EL gemischte Samen (Anis, Fenchel, Kümmel, Koriander)*
- *1 kg Weizenvollkornmehl*

WEIZENVOLLKORNBROT ▸

(LANGZEITTEIGFÜHRUNG)

1 Für den Vorteig Wasser, Honig und Hefe in eine große Schüssel geben und gut verrühren. Den Weizen mahlen, dazugeben und mit der Hand (oder dem Schneebesen) unterrühren. Den Teig zugedeckt an einem kühlen Ort etwa 12 Stunden stehen lassen.

2 Danach vom Vorteig etwa 3 Esslöffel abnehmen (eine große Hand voll), in ein fest verschließbares Schraubglas geben und im Kühlschrank für die nächste Brotteigbereitung aufbewahren. In einer großen Schüssel den übrigen Vorteig in dem Wasser auflösen, Salz und Gewürze zugeben. Nach und nach das Mehl darunter kneten, bis der Teig eine glatte, aber nicht zu feste Konsistenz hat. Den Teig zudecken und an einem kühlen Ort wieder 12 Stunden gehen lassen.

3 Den fertigen Teig nochmals kurz durcharbeiten. Aus dem Teig kleine oder große Brote formen und auf ein bemehltes Backblech setzen. Die Brote zudecken und an einem warmen Ort etwa 30 Minuten abschließend gehen lassen. Den Backofen auf 250 °C (Umluft 230 °C, Gas Stufe 5–6) vorheizen.

4 Die Brote mit zimmerwarmem Wasser bepinseln und die Backtemperatur auf 220 °C (Umluft 200 °C, Gas Stufe 4) herunterschalten. Die Brote 5 bis 10 Minuten (je nach Größe der Brote) bei dieser Hitze backen, die Temperatur dann auf 190 °C (Umluft 170 °C, Gas Stufe 2–3) reduzieren und die Brote – je nach Größe – in weiteren 30 bis 45 Minuten fertig backen.

TIPP Dieser Vorteig gärt zunächst auch im Kühlschrank noch weiter, wählen Sie deshalb ein ausreichend großes Glas. Prüfen Sie außerdem ab und zu, ob das Glas »entlüftet« werden muss! Da sich der Teig nicht unbegrenzt lange hält, sollte er innerhalb einer Woche weiterverarbeitet werden.

Roggenvollkorn-Sauerteig-Brot mit Leinsamen

Zutaten

Für den Vorteig

- 500 g fein gemahlenes Roggenvollkornmehl
- 500 ml Wasser
- 50 g Sauerteig

Für den Hauptteig

- 500 g fein gemahlenes Roggenmehl (Type 00)
- 500 ml lauwarmes Wasser
- 20 g Meersalz
- 150 g Leinsamen
- 2 EL gemahlenes Brotgewürz

1 Die Zutaten für den Vorteig mischen und bei Zimmertemperatur über Nacht zugedeckt gehen lassen.

2 Am nächsten Tag vom Vorteig etwa 50 Gramm abnehmen und als Vorrat in den Kühlschrank stellen, den restlichen Vorteig und alle anderen Zutaten zu einem nicht zu festen Teig verkneten. Diesen bei Zimmertemperatur 60 bis 70 Minuten zugedeckt ruhen lassen.

3 1 große oder 2 kleinere Kastenformen fetten und bis zur Hälfte mit Teig füllen. Den Teig 1 Stunde zugedeckt gehen lassen.

4 Den Backofen auf 250 °C (Umluft 230 °C, Gas Stufe 5–6) vorheizen, ein Schälchen mit heißem Wasser hineinstellen. Den Brotteig mit etwas warmem Wasser bestreichen und 15 Minuten bei dieser Temperatur backen. Die Temperatur dann auf 200 °C (Umluft 180 °C, Gas Stufe 3) reduzieren und das Brot in 50 Minuten fertig backen.

5 Das fertige Brot aus dem Backofen nehmen, sofort aus der Form lösen, mit einem Tuch bedecken und auf einem Kuchengitter auskühlen lassen.

Tipps

- Wenn Sie sich vergewissern wollen, ob das Brot fertig gebacken ist, stechen Sie mit einem Schaschlikstab aus Holz tief in die Mitte des Brotes. Ist das Brot durchgebacken, bleibt der Holzstab trocken.
- Dieses Brot hält sich sehr lange frisch. Bei Lagerung im Brottontopf gewinnt es von Tag zu Tag an Geschmack und Saftigkeit. Wegen seiner Haltbarkeit ist es besonders für die Sommermonate gut geeignet.

Varianten

Roggen-Sonnenblumen-Brot

Anstelle von Leinsamen 150 Gramm Sonnenblumenkerne unter den Teig kneten.

Roggen-Haselnuss-Brot

Wenn Sie den Vorteig am Vorabend zubereiten, weichen Sie 150 Gramm ganze Haselnüsse in etwas Wasser ein. Kneten Sie diese anstelle des Leinsamens unter den Teig.

Roggen-Gewürz-Brot

Ersetzen Sie das Meersalz durch 20 bis 30 Gramm Kräutersalz und das gemahlene Brotgewürz durch 2 Esslöffel zerstoßenes und 1 Esslöffel ungemahlenes Brotgewürz.

Roggenmischbrot

Ersetzen Sie die Hälfte des Roggenmehls durch fein gemahlenes Dinkelmehl.

SAUERTEIG-GEWÜRZ-MISCHBROT

1 Am Vorabend des Backtages alle Zutaten für den Vorteig verrühren und diesen zugedeckt an einem warmen Ort über Nacht gehen lassen.

2 Am Backtag den Vorteig mit dem Roggen- und dem Weizenmehl, dem Salz und den Gewürzen verkneten. Den Teig zum Laib formen und auf ein mit Haferflocken bestreutes Blech legen.

3 Den Laib mit Wasser bestreichen und mit Haferflocken bestreuen, zudecken und mindestens 3 Stunden an einem warmen zugfreien Ort gehen lassen.

4 Inzwischen den Backofen auf 200 °C (Umluft 180 °C, Gas Stufe 3) vorheizen. Das Brot auf mittlerer Schiene darin 70 bis 80 Minuten backen, dann herausnehmen und auskühlen lassen.

ZUTATEN

Für den Vorteig

- *$^{1}/_{4}$ l lauwarmes Wasser*
- *4 EL Weizenmehl (Type 550)*
- *200 g Sauerteig*

Für den Hauptteig

- *600 g Roggenmehl (Type 997)*
- *300 g Weizenmehl (Type 550)*
- *5 TL Salz*
- *2 EL ganzer Kümmel*
- *2 EL Fenchel, grob gemahlen*
- *1 EL zerstoßener Koriander*
- *$^{3}/_{8}$ l Wasser*

Zum Bestreuen

- *Haferflocken*

Schwarzbrot mit Weizen, Roggen und Kartoffeln ▸

Zutaten

Für den Vorteig

- *50 g Sauerteig*
- *1/8 l lauwarmes Wasser*
- *150 g Weizenmehl (Type 550)*

Für die Weiterführung des Vorteiges

- *1,35 kg Weizenmehl (Type 550)*
- *1 kg Roggenmehl (Type 997)*
- *3/8 l lauwarmes Wasser*

Für den Hauptteig

- *Etwa 1 l lauwarmes Wasser*
- *40 g frische Hefe*
- *2 EL Salz*
- *2 große, gekochte, geriebene Kartoffeln*

1 Für den Vorteig den Sauerteig, das Wasser und das Weizenmehl miteinander verrühren und zugedeckt 2 Stunden zum Gären warm stellen.

2 Danach Weizen- und Roggenmehl in eine große Schüssel sieben, in die Mitte eine Vertiefung drücken und den Vorteig hineingeben. Mit Wasser und einem Teil des Mehls zu einem weiterführenden Vorteig verarbeiten und diesen zugedeckt 2 Stunden gehen lassen.

3 Anschließend in einem Teil des Wassers die Hefe auflösen, mit dem fertigen Vorteig, Salz, dem restlichen Wasser und den geriebenen Kartoffeln verkneten. Den Teig mit Mehl bestäuben und zugedeckt 1 1/2 Stunden gehen lassen.

4 Aus dem Teig 2 längliche Brote formen und auf ein mit Backpapier belegtes Backblech setzen. Die Oberfläche mit einem scharfen Messer mehrmals einschneiden, dann mit Wasser bestreichen. Die Brote zudecken und noch einmal 30 Minuten gehen lassen.

5 Den Backofen auf 200 bis 220 °C (Umluft 180–200 °C, Gas Stufe 3–4) vorheizen und die Brote darin etwa 60 Minuten backen, dann die Klopfprobe durchführen. Das fertige Brot herausnehmen, sofort abdecken und auskühlen lassen.

Paprika-Schinken-Spread

Zutaten

- *1 Zwiebel*
- *4 Scheiben geräucherter Schinkenspeck*
- *1 rote Paprikaschote*
- *200 g Doppelrahm-Frischkäse*
- *50 g Schmand*
- *Salz*
- *Pfeffer*

1 Die Zwiebel schälen und fein hacken. Den Schinkenspeck sehr klein schneiden, in einer Pfanne ohne Fett auslassen, dann beiseite stellen und erkalten lassen.

2 Die Paprika waschen, putzen und würfeln. Frischkäse und Schmand cremig rühren. Zwiebel, Schinken und Paprika darunter mischen. Die Paste mit Salz und Pfeffer abschmecken.

Tipps

- Falls die Masse nicht streichfest ist, etwas Milch oder Wasser unterrühren.
- Dieser Aufstrich passt auch gut zum »Bierbrot«, Rezept → Seite 64.

ZUTATEN

- *1 erbsengroßes Stück frische Hefe*
- *1/2 l Wasser*
- *1 TL Vollmeersalz*
- *1 EL Brotgewürz*
- *1 Mandel als Überraschung*
- *700 g fein gemahlenes Weizenvollkornmehl*

WEIZENVOLLKORNBROT AUF DEM BLECH MIT ÜBERRASCHUNG
(LANGZEITTEIGFÜHRUNG)

1 In einer großen Schüssel Hefe, Wasser und Salz mit den Händen vermengen, nach und nach das Mehl und alle anderen Zutaten unterrühren, bis der Teig geschmeidig, aber nicht zu weich ist und sich vom Schüsselrand löst. Die Schüssel gut abdecken und über Nacht zugfrei stehen lassen.

2 Am nächsten Tag den Backofen auf 200 °C (Umluft 180 °C, Gas Stufe 3) vorheizen. Den Teig ca. 4 Zentimeter dick auf ein mit Backtrennpapier ausgelegtes Blech streichen und 20 bis 25 Minuten backen.

3 Das fertige Brot herausnehmen und noch heiß in Stücke schneiden.

TIPP Dieses Brot wird am besten abends angesetzt und erst am nächsten Morgen gebacken. Wer die Überraschung in seinem Brotstück findet, hat an diesem Tag besonderes Glück!

ZUTATEN

- *2 EL Tomatenpaste*
- *2 EL Paprikapaste*
- *2 EL zerdrückter türkischer Schafskäse*
- *2 EL Öl*
- *2 Knoblauchzehen*
- *2 TL getrocknete Minze*
- *Salz*
- *Pfeffer*

SEVAL'S SPEZIALSPREAD

1 Tomatenpaste, Paprikapaste und Schafskäse mit einer Gabel gründlich vermischen, bis eine streichfähige Paste entstanden ist.

2 Das Öl gründlich unterrühren. Den Knoblauch schälen und dazupressen. Die Minze mit den Fingern fein zerreiben und ebenfalls dazugeben. Die Paste mit Salz und Pfeffer pikant abschmecken.

TIPPS

- Dies ist ein schmackhafter, leicht scharfer Aufstrich, der von meiner türkischen Freundin Seval kreiert wurde. Er passt hervorragend zu kräftigem Brot oder als Füllung in salzigem Kleingebäck, vor allem in den »Tomatenstangen«.
- Tomaten- und Paprikapaste sowie getrocknete Minze bekommen Sie fertig im Glas in guten türkischen Supermärkten. Leider gibt es diese Pasten meist nur in großen Mengen. Füllen Sie am besten die restlichen Pasten getrennt voneinander in gut verschlossene Glasbehälter, und bewahren Sie diese im Kühlschrank auf. Sie halten sich dort einige Wochen frisch.

Hausbrot mit Backferment

1 Am Vorabend für den Vorteig den Grundansatz, das Backferment und das lauwarme Wasser mit einem Schneebesen gut verrühren. Die Hälfte des Roggenvollkornmehls und 100 Gramm Weizenvollkornmehl einarbeiten. Den Ansatz zugedeckt an einem warmen Ort stehen lassen.

2 Am Backtag den Vorteig, das restliche Mehl, die Sonnenblumenkerne und das Salz zusammen mit dem Mineralwasser zu einem glatten Teig verkneten. Den fertigen Teig zugedeckt 1 Stunde im Warmen ruhen lassen. Den Teig dann nochmals kurz durchkneten und zum weiteren Gären in einen gut bemehlten Backkorb (z. B. eine längliche Peddigrohrform) geben und zugedeckt weitere 40 Minuten ruhen lassen.

3 Den Backofen auf 220 °C (Umluft 200 °C, Gas Stufe 4) vorheizen, eine gefüllte Wasserschale auf den Boden des Backofens stellen. Den Teig auf ein gefettetes Blech stürzen, eventuell etwas nachformen und in den Backofen schieben. Die Temperatur auf 200 °C (Umluft 180 °C, Gas Stufe 3) reduzieren. Das Brot etwa 30 Minuten backen, dann die Temperatur auf 180 °C (Umluft 160 °C, Gas Stufe 2) verringern und das Brot weitere 30 Minuten backen. Die Temperatur auf 160 °C (Umluft 140 °C, Gas Stufe 1) reduzieren und nochmals 30 Minuten backen.

TIPP Bevor der Vorteig über Nacht gärt, 3 bis 4 Esslöffel dieses Teiges abnehmen, in ein Schraubglas füllen und in den Kühlschrank stellen. Dies ist der Grundansatz für ein weiteres Brot. Dieses Brot hält lange frisch!

Variante

Berliner Schrippenbrot

Anstelle von Roggen- und Weizenvollkornmehl nur Roggenmehl (Type 1150) verwenden, die Wassermenge insgesamt auf ca. 600 Milliliter reduzieren, zusätzlich 1 Teelöffel Salz, 1 Esslöffel Öl und 3 Esslöffel dunklen Rübensirup zugeben.

Brot mit Backferment

Backferment hat die gleiche Wirkung wie Sauerteig, schmeckt aber deutlich milder. Außerdem hat es den Vorteil, dass es wesentlich länger als Sauerteig im Kühlschrank haltbar und damit verwendbar ist. Die genauere Beschreibung und die Bezugsquellen finden Sie im Kapitel »Grundregeln und Grundrezepte«.

Zutaten

- *10 g Backferment-Grundansatz*
- *5 g Backferment (Reformhaus)*
- *400 ml lauwarmes Wasser*
- *600 g Roggenvollkornmehl*
- *400 g Weizenvollkornmehl*
- *100 g Sonnenblumenkerne*
- *1 1/2 EL Salz*
- *Ca. 300 ml kohlensäurehaltiges Mineralwasser*

Frühstücks-brote & -brötchen

Brote aus dem Automaten

Passen Sie die Reihenfolge der Zutaten Ihrem Automaten an!

In der Türkei gibt es keine genauen Mengenangaben zum Brotbacken, allein die Konsistenz eines Teiges gibt darüber Auskunft, ob die Zutaten im richtigen Verhältnis gemischt wurden. Das »Testinstrument« dafür trägt man am Körper: das Ohrläppchen nämlich. Ideal ist ein Teig, der so weich wie ein Ohrläppchen ist. Das gilt auch für Teige, die im Automaten hergestellt werden: Wenn Sie unsicher sind, ob die Teigkonsistenz stimmt, heben Sie ruhig während oder nach dem ersten Knetdurchgang kurz den Deckel hoch, und »fühlen« Sie nach.

Mandelbrot

▪ 1 1/2 TL Trockenhefe ▪ 300 g Weizenmehl (Type 550) ▪ 200 g Weizenvollkornmehl ▪ 2 1/2 TL Zucker ▪ 30 g Butter ▪ 120 g gemahlene Mandeln ▪ 60 g gestiftelte Mandeln ▪ 3 EL Amaretto ▪ 330 ml Wasser

Programm: Normal Brot od. Normal Brot schnell, Größe: L, Bräunung: mittel

Das Haselnussbrot entfaltet seinen vollen Geschmack, wenn die ganzen Nüsse im Backrohr bei 200 ° C 10 Minuten getoastet sind.

Haselnussbrot

▪ 1/2 Würfel frische Hefe ▪ 1 TL Agavensirup ▪ 500 g Dinkelvollkornmehl ▪ 150 g gemahlene Haselnüsse ▪ 2 TL Salz ▪ 400 ml Wasser

Programm: Vollwert Brot, Größe: L, Bräunung: mittel

Leichtes Dinkel-Sonnenblumen-Brot

▪ 1 Würfel frische Hefe ▪ 1 TL brauner Zucker ▪ 420 ml Wasser ▪ 600 g Dinkelmehl ▪ 100 g Sonnenblumenkerne ▪ 2 TL Salz

Programm: Vollwert Brot, Größe: XL, Bräunung: mittel

KOKOSFLOCKEN-WEIZEN-BROT

▪ 1 1/2 TL Trockenhefe ▪ 250 g Weizenmehl (Type 405) ▪ 250 g Weizenvollkornmehl ▪ 2 1/2 TL Zucker ▪ 30 g Butter ▪ 120 g Kokosflocken ▪ 60 g gemahlene Mandeln ▪ 3 EL Orangenlikör ▪ 320 ml Wasser

Programm: Normal Brot, Größe: L, Bräunung: mittel

Das Brot schmeckt mit süßen Aufstrichen, aber auch »pur« gut. Sein bestes Aroma entfaltet es einen Tag nach dem Backen, weil die Kokosflocken erst dann dem Brot ihr Aroma geben und richtig saftig sind.

FEINES ORANGEN-TEE-BROT

▪ 1 TL Trockenhefe ▪ 3 EL Zucker ▪ 450 g Weizenmehl (Type 550) ▪ 1 TL Salz ▪ Abgeriebene Schale von 1 unbehandelten Orange ▪ 30 g Butter, in Stücke geschnitten ▪ 300 ml Milch

Programm: Normal Brot schnell, Größe: L, Bräunung: mittel

MÖHREN-HAFER-BROT

▪ 1 TL Trockenhefe ▪ 1/2 TL Zucker ▪ 80 g Hafermehl ▪ 270 g Weizenvollkornmehl ▪ 100 g geriebene Möhren ▪ 40 g gemahlene Mandeln ▪ 1 TL Butter ▪ 1 EL Distelöl ▪ 1 TL Salz ▪ 250 ml Wasser

Programm: Normal Brot, Größe: M, Bräunung: mittel

KAMUT-PISTAZIEN-BROT

▪ 1 Päckchen Trockenhefe (2 TL) ▪ 450 g Kamutmehl ▪ 2 TL Honig ▪ 1 TL Salz ▪ 1 Ei ▪ 1 EL Nussöl ▪ 200 ml Wasser ▪ 60 g Pistazien

Programm: Rosinenbrot, Größe: L, Bräunung: mittel

Geben Sie die Pistazien beim Ertönen des Signals zu, damit diese weichen Nüsse nicht zermahlen werden.

In einer trockenen, heißen Pfanne geröstete Pinienkerne geben dem Brot einen intensiveren Geschmack!

BROTE AUS DEM BACKOFEN ODER DEM AUTOMATEN

Passen Sie die Reihenfolge der Zutaten Ihrem Automaten an!

Im Rheinland liebt man zum Sonntagsfrühstück den Stuten (Rezept → Seite 54). Was ihn so begehrt macht, ist die Tatsache, dass er sowohl mit einem weichen Frühstücksei als auch mit Schinken oder, wenn man es morgens lieber süß mag, mit Marmelade gegessen werden kann.

SONNTAGSBROT

ZUTATEN

- *500 g feines Weizenvollkornmehl*
- *1 Würfel frische Hefe*
- *1/4 l zimmerwarme Milch*
- *3 EL flüssiger Honig (oder 2 EL Zucker)*
- *1 TL Zucker*
- *Etwas Salz*
- *1 Ei*
- *50 g weiche Butter*
- *150 g Rosinen*

Zum Bestreichen

- *1 Eigelb*
- *Etwas Milch*

1 Für den Vorteig das Weizenmehl in eine Schüssel geben und in die Mitte eine Mulde drücken. Die Hefe hineinbröckeln und mit etwas Weizenmehl, Milch und Honig verrühren. Den Vorteig zugedeckt ca. 30 Minuten gehen lassen.

2 Alle anderen Zutaten hinzufügen und alles zu einem elastischen Teig verkneten, diesen zugedeckt weitere 30 Minuten gehen lassen.

3 Den Teig zu einem länglichen Laib formen, auf ein bemehltes Blech legen und zugedeckt nochmals 30 Minuten gehen lassen.

4 Den Backofen auf 200 °C (Umluft 180 °C, Gas Stufe 3) vorheizen. Das Eigelb mit der Milch verquirlen. Das Brot damit bestreichen und im Backofen ca. 50 Minuten backen.

Programm: Vollwert Rosinen Brot oder Normal Brot, Größe: L, Bräunung: hell
Beim Programm Vollwert Rosinen-Brot fügen Sie die Rosinen nach dem Signalton zu.

TIPP Sie können das Sonntagsbrot ebenso gut in einer Kastenform backen. Bedenken Sie aber, dass es dann möglicherweise etwas länger gebacken werden muss.

QUARKBROT

ZUTATEN

- *20 g frische Hefe*
- *$^{1}/_{2}$ EL Honig*
- *250 ml lauwarme Milch*
- *500 g Weizenmehl (Type 550)*
- *1 TL Salz*
- *100 g Quark (20 %)*
- *30 g zimmerwarme Butter*
- *1 Msp. Safran*
- *Mehl für das Backblech*

1 Für den Vorteig die Hefe und den Honig in der Milch auflösen und mit $^{1}/_{3}$ der Mehlmenge vermischen. Den Vorteig 20 bis 30 Minuten gehen lassen.

2 Das restliche Mehl in eine große Schüssel sieben. Salz, Quark und Butter dazugeben, in die Mitte den gegangenen Vorteig setzen und alles zusammen zu einem elastischen Teig verkneten.

3 Den fertigen Teigballen zugedeckt an einem warmen Ort 30 Minuten gehen lassen. Den Teig nochmals durchkneten und zu länglichen Broten formen.

4 Die Brote auf ein bemehltes Backblech setzen, abdecken und nochmals 15 Minuten ruhen lassen.

5 Den Backofen auf 200 °C (Umluft 180 °C, Gas Stufe 3) vorheizen. Kurz vor dem Einschieben die Brote mit einem scharfen Messer mehrmals schräg einritzen und auf der mittleren Schiene 30 Minuten backen. Die Brote nun mit etwas Milch oder Kondensmilch bestreichen und weitere 5 bis 10 Minuten backen.

Programm: Normal Brot schnell, Größe: L, Bräunung: mittel

Zutaten

- 60 g Rosinen
- 30 g frische Hefe
- Etwas lauwarmes Wasser
- 350 g Weizenmehl (Type 550)
- 200 g Magerquark
- 60 g Zucker
- 60 g zimmerwarme Butter
- 2 Eier
- 1 Prise Salz
- Fett für die Form

Kölner Rosinenstuten

1 Die Rosinen mit heißem Wasser übergießen und einige Stunden quellen lassen.

2 Die Hefe in etwas Wasser auflösen. Das Mehl in eine Backschüssel sieben, Quark, Zucker, Butter, Eier und Salz dazugeben. Die Hefe hinzufügen und alles zu einem glatten, glänzenden Teig verkneten. Zum Schluss die abgetropften Rosinen unterkneten und den Teig zu einer Rolle formen.

3 Eine mittelgroße Kastenform gut einfetten, den Teig hineingeben und zugedeckt an einem warmen Ort gehen lassen, bis er die doppelte Größe erreicht hat. Inzwischen den Backofen auf 200 °C (Umluft 180 °C, Gas Stufe 3) vorheizen.

4 Den Stuten im Backofen ca. 30 Minuten backen. Unbedingt die Stäbchenprobe machen, um sicher zu sein, dass der Stuten fertig ist! Falls er noch nicht fertig und trotzdem braun ist, decken Sie ihn mit einer Alufolie ab und backen ihn so fertig.

5 Nach dem Backen den Stuten sofort aus der Form nehmen und auf einem Kuchengitter erkalten lassen.

Programm: Rosinenbrot oder Normal Brot schnell, Größe: M, Bräunung: mittel
Beim Programm Rosinenbrot geben Sie nach Ertönen des Signals die Rosinen zu.

TIPP Eingeweichte und zugleich aromatisierte Rosinen sind schnell zur Hand, wenn sie – gewaschen und getrocknet – in ein Schraubglas gedrückt und mit Rum aufgefüllt, im Kühlschrank aufbewahrt werden.

BRÖTCHEN – IM AUTOMATEN GEMACHT, IM OFEN GEBACKEN

Passen Sie die Reihenfolge der Zutaten Ihrem Automaten an!

Brötchenteige, die im Automaten zubereitet werden, sind bereits bei optimaler Temperatur gereift und gegangen. Sie müssen also den fertigen Teig nur aus dem Automaten nehmen und können beginnen die Brötchen zu formen. Leider ist es beim Automaten nicht möglich, Teige mit Zeitvorwahl zu bereiten.

MÜSLIBRÖTCHEN

FÜR 12–15 STÜCK

ZUTATEN

Für den Hefeteig

- *20 g frische Hefe*
- *150 ml lauwarmes Wasser*
- *300 g Weizenvollkornmehl*
- *1/2 TL Salz*
- *25 g weiche Butter*
- *2 EL Birnendicksaft*

Zugaben

- *25 g getrocknete, ungeschwefelte Aprikosen*
- *25 g Haselnüsse*
- *25 g Sultaninen*
- *25 g Sonnenblumenkerne*
- *25 g Sesam*

Außerdem

- *Etwas Milch zum Bestreichen*
- *Fett für das Blech*

1 Die Hefe in dem Wasser auflösen. Die restlichen Zutaten für den Hefeteig hinzufügen und alles zu einem glatten Teig verarbeiten. Den Teig zugedeckt an einem warmen Ort 1 Stunde gehen lassen.

2 Die Aprikosen klein schneiden und die Haselnüsse hacken. Beides mit den Sultaninen, den Sonnenblumenkernen und dem Sesam mischen und unter den gegangenen Teig arbeiten.

3 Aus dem Teig gleichgroße Brötchen formen und auf ein gefettetes Backblech setzen. Die Brötchen zugedeckt weitere 30 Minuten an einem warmen Ort gehen lassen. Anschließend den Backofen auf 200 °C (Umluft 180 °C, Gas Stufe 3) vorheizen und ein feuerfestes Schüsselchen mit Wasser auf den Ofenboden stellen.

4 Die Brötchen im vorgeheizten Backofen auf der mittleren Schiene 20 bis 25 Minuten backen. Die Brötchen während der letzten 10 Minuten eventuell mit Milch bestreichen, damit sie schön glänzen.

Bei der Herstellung im Automaten
Programm: Teig
Nach der Teigzubereitung weiter im Rezept mit Punkt 3

DINKEL-NUSS-BRÖTCHEN

FÜR CA. 20 STÜCK

ZUTATEN

- *450 g Dinkelvollkornmehl*
- *30 g Hefe*
- *3 EL Honig*
- *1 Prise Salz*
- *Ca. 350 ml zimmerwarmes Wasser*
- *100 g Mandeln*
- *100 g Haselnüsse*
- *100 g Rosinen*

Außerdem

- *Etwas Milch zum Bestreichen*
- *Fett für das Backblech*

1 Das Dinkelvollkornmehl in eine Schüssel geben, die Hefe hineinbröckeln. Honig und Salz zugeben, das Wasser hinzufügen und alle Zutaten zu einem glatten Hefeteig verarbeiten. Mandeln und Haselnüsse mahlen und unter den Teig kneten, zum Schluss die Rosinen mit der Hand einarbeiten. Den Teig mindestens 40 Minuten zugedeckt gehen lassen (bis er das doppelte Volumen hat).

2 Den Teig nochmals kurz durchkneten und zu einer Rolle formen. Die Rolle in 20 Teile schneiden. Diese zu Brötchen formen, auf ein gefettetes Blech legen und zugedeckt weitere 30 Minuten gehen lassen. Den Backofen auf 220 °C (Umluft 200 °C, Gas Stufe 4) vorheizen, ein feuerfestes Schüsselchen mit Wasser auf den Ofenboden stellen.

3 Die Temperatur des Ofens dann auf 200 °C (Umluft 180 °C, Gas Stufe 3) reduzieren, die Brötchen auf der mittleren Schiene 25 Minuten backen. Während der letzten 10 Minuten mit Milch bepinseln.

> Bei der Herstellung im Automaten
> Nur ca. 300 ml Wasser verwenden
> Programm: Teig
> Nach der Teigzubereitung weiter im Rezept mit Punkt 3

TIPP

Am Sonntag sollen die frischen Brötchen schnell zur Hand sein, deshalb: Backen Sie die Brötchen tags zuvor nur halb fertig, d. h. bei 200 °C (Umluft 180 °C, Gas Stufe 3) 10 Minuten backen. Lassen Sie die Brötchen auskühlen, und geben Sie diese in einen Gefrierbeutel. Am nächsten Tag besprengen Sie die Brötchen mit Wasser und backen diese bei 220 °C im vorgeheizten Backofen in 10 bis 15 Minuten fertig. Diesen Trick können Sie bei allen Brötchen anwenden!

HERKÖMMLICH ZUBEREITETE BROTE UND BRÖTCHEN

Auch ohne Automaten können Sie herrlich duftende Brötchen und Brote auf den Frühstückstisch zaubern – entweder mit den beiden folgenden Rezepten oder mit dem Brioche-Rezept (→ Seite 60). Diesen Teig können Sie ruhig über Nacht gehen lassen und am nächsten Morgen weiterverarbeiten.

SCHNELLES SONNTAGSBROT

ZUTATEN

- *250 g Weizenmehl (Type 550)*
- *2 TL Backpulver*
- *$1/2$ TL Salz*
- *250 g Weizenmehl (Type 1050)*
- *1 EL Zucker*
- *400 ml Milch*
- *Fett für die Form*

1 Das Mehl (Type 550) mit dem Backpulver mischen und in eine Schüssel sieben, das Salz zugeben.

2 Das Mehl (Type 1050) und den Zucker ebenfalls untermischen. Die Milch dazugießen und alle Zutaten mit den Knethaken des Handrührgeräts zu einem nicht zu dünnen Teig verarbeiten. Den Teig etwa 10 Minuten ruhen lassen.

3 Inzwischen den Backofen auf 190 °C (Umluft 170 °C, Gas Stufe 2–3) vorheizen. Eine Kastenform einfetten, den Teig einfüllen, mit etwas Milch bestreichen und auf der mittleren Schiene 45 Minuten backen.

4 Das fertige Brot sofort aus der Form nehmen und auf einem Kuchengitter abkühlen lassen.

TIPP Dieses einfache Brot ist in ca. 1 Stunde fertig zum Verzehr: ein echtes Notfallbrot! Bewahren Sie es aber – anders als Hefe- oder Sauerteigbrote – luftdicht verschlossen und kühl auf.

SCHNELLES IRISCHES BROT

ZUTATEN

- *250 g feines Weizenvollkornmehl*
- *2 TL Backpulver*
- *1 Msp. Salz*
- *1 TL Natron (oder Soda)*
- *750 g etwas gröberes Weizenvollkornmehl*
- *1 EL Zucker*
- *25 g weiche Butter*
- *400 ml zimmerwarme Milch*

1 Das feine Vollkornmehl mit Backpulver, Salz oder Natron in eine Schüssel sieben, das grobe Mehl und den Zucker dazugeben.

2 Die Butter dazugeben und mit den Knethaken des Handrührgeräts unter den Teig arbeiten, die Milch langsam hinzufügen und unterkneten. Es soll ein fester, aber elastischer Teig entstehen.

3 Den Teig zu einem runden Laib formen und auf ein mit Backpapier belegtes Blech legen.

4 Die Oberfläche des Teiglaibes mit Mehl bestäuben und mit der Schere über Kreuz einschneiden. Zugedeckt etwa 15 Minuten ruhen lassen, den Backofen auf 200 °C (Umluft 180 °C, Gas Stufe 3) vorheizen.

5 Das Brot auf der mittleren Schiene in den Ofen schieben und in 1 Stunde goldbraun backen.

TIPP Dieses traditionelle irische Sodabrot schmeckt – süß oder deftig belegt – zum Frühstück einfach klasse.

LACHSSPREAD

ZUTATEN

- *200 g Räucherlachs*
- *150 g Doppelrahm-Frischkäse*
- *50 g Schmand*
- *1 Bund frischer Dill*
- *Salz*
- *Pfeffer*

1 Den Räucherlachs klein schneiden, mit Philadelphia-Frischkäse und Schmand vermengen. Den Dill waschen, trockenschütteln. Die Dillspitzen klein schneiden und unter die Creme rühren.

2 Alles mit dem Pürierstab kurz pürieren, mit Salz und Pfeffer kräftig abschmecken.

TIPP Besonders schön sieht es aus, wenn Sie auf dem Lachsspread Forellen- oder Keta-Kaviar verteilen.

Zutaten

- *20 g frische Hefe*
- *100 ml lauwarme Milch*
- *4–6 Eier (je nach Größe)*
- *500 g Weizenmehl (Type 550)*
- *1 TL Salz*
- *50 g Zucker*
- *300 g sehr weiche Butter*

Außerdem

- *1 Eigelb*
- *Etwas Milch*
- *Fett für die Förmchen*

Brioches

Für ca. 20 Stück

1 Die Hefe in etwas Milch auflösen. Die Eier verquirlen. Das Mehl in eine große Schüssel sieben, Salz und Zucker zugeben, eine Vertiefung eindrücken. Die aufgelöste Hefe mit der restlichen Milch verrühren und in die Vertiefung gießen.

2 Mit den Knethaken des Handrührgeräts die Hefemilch leicht einarbeiten und gleichzeitig die verquirlten Eier langsam zufließen lassen. Den Teig mindestens 5 Minuten sehr gut durcharbeiten! Dann auch die sehr weiche Butter dazugeben und den Teig nochmals etwa 10 Minuten kneten.

3 Den fertigen Teig zugedeckt an einem warmen Ort 5 bis 6 Stunden gehen lassen, bis er das doppelte Volumen erreicht hat. Inzwischen Backförmchen für die Brioches (es können auch normale kleine Backförmchen sein) einfetten.

4 Den Teig nochmals kurz durcharbeiten, dann auf einem bemehlten Backbrett zu 2 unterschiedlich dicken Rollen formen. Die dickere Rolle muss dem Durchmesser der Backförmchen entsprechen, die dünnere Rolle sollte einen Durchmesser von etwa 3 Zentimetern haben – sie wird für die »Krönchen« verwendet.

5 Die dickere Rolle in ca. 20 Stücke teilen und diese in die Backförmchen setzen. Jedes Stück mit einer scharfen Schere kreuzweise einschneiden, die Schnitte etwas auseinander drücken. Aus der dünneren Rolle 20 kleine Kugeln formen und diese jeweils auf die Einschnitte setzen. Das Eigelb mit etwas Milch verquirlen, die Brioches damit bestreichen.

6 Die Brioches zugedeckt bei Zimmertemperatur nochmals 30 Minuten stehen lassen. Den Backofen auf 200 °C (Umluft 180 °C, Gas Stufe 3) vorheizen. Die Brioches auf ein Backblech stellen und im Backofen auf der mittleren Schiene 30 bis 40 Minuten backen (je nach Größe der Förmchen).

Tipp Falls Sie keine 20 Backförmchen besitzen, teilen Sie die Teigmenge und backen erst 10 Brioches, den restlichen Teig lassen Sie so lange zugedeckt in einer Schüssel. Alternativ können Sie auch Muffinformen nehmen.

Partybrote & -Gebäck

BROTE AUS DEM AUTOMATEN

Passen Sie die Reihenfolge der Zutaten Ihrem Automaten an!

Ein vielfältiges Brotsortiment bereichert jeden Speiseplan. Dies gilt besonders für Einladungen und Parties. Beginnen Sie also rechtzeitig, die Brote Ihrer Wahl vorzubereiten, und bedenken Sie dabei, dass die Brotauswahl auch zu den angebotenen Speisen passen soll.

KRABBENBROT

▪ 30 g frische Hefe ▪ 400 ml Wasser ▪ 1 TL Zucker ▪ 600 g Dinkelvollkornmehl ▪ 2 TL Salz ▪ 1 EL Olivenöl ▪ 3 EL gekochte (abgetropft und mit einem Küchenpapier abgetupft) Krabben, in Mehl gewälzt ▪ 2 TL frischer und klein gehackter Dill ▪ Etwas Muskatnuss

Programm: Vollwert Brot, Größe: XL, Bräunung: hell

OLIVEN-SARDELLEN-BROT

Schmeckt sehr gut mit Sardellen-Paste: Dazu 8 eingesalzene Sardellenfilets abwaschen und in kleine Streifen schneiden. 60 g Butter in einem Töpfchen erhitzen und vom Herd nehmen, die Filets darin zu einer geschmeidigen Paste mit einer Gabel zerdrücken.

▪ 2 TL Trockenhefe ▪ 1 TL Zucker ▪ 150 g Roggenvollkornmehl ▪ 300 g Weizenvollkornmehl ▪ 1 TL Salz ▪ Etwas Pfeffer ▪ 2 EL Olivenöl ▪ 5–6 Sardellenfilets aus dem Glas (abgewaschen und sehr fein geschnitten) ▪ 30 kleine grüne, mit Paprika gefüllte Oliven (sehr fein geschnitten) ▪ 270 ml Wasser

Programm: Vollwert Brot, Größe: L, Bräunung: mittel

BIERBROT

▪ 1 1/2 TL Trockenhefe ▪ 1 1/2 TL brauner Zucker ▪ 250 g Weizen- oder Dinkelvollkornmehl ▪ 200 g Roggenmehl (Type 997) ▪ 1 1/2 TL Salz ▪ 1 TL gemahlener Kümmel ▪ 175 ml Bier (Malzbier) ▪ 140 ml Wasser

Programm: Vollwert Brot oder Normal Brot, Größe: L, Bräunung: mittel

Weissbrot mit gerösteter Gerste

▪ *2 TL Hefe* ▪ *1 TL Zucker* ▪ *350 g Weizenmehl (Type 405)* ▪ *50 g fein gemahlene Hirse* ▪ *50 g Sonam's Tsampa (geröstete und gemahlene Gerste aus dem Naturkost- Fachgeschäft)* ▪ *50 g Weizenkeime* ▪ *50 g geröstete Sesamsamen* ▪ *1 1/2 TL Salz* ▪ *1 TL Fenchel (gemahlen)* ▪ *1 TL Anis (gemahlen)* ▪ *1/8 l Milch* ▪ *1/4 l Wasser*

Programm: Normal Brot, Größe: L, Bräunung: mittel

Käse-Zwiebel-Brot

▪ *2 TL Trockenhefe* ▪ *1 TL Zucker* ▪ *500 g Weizenvollkornmehl* ▪ *1 1/2 TL Salz* ▪ *2 TL gemahlenes Brotgewürz* ▪ *125 g fein gewürfelter Bergkäse* ▪ *Erkaltete Röstzwiebelringe* ▪ *300–350 ml Wasser*

Programm: Vollwert Brot, Größe: L, Bräunung: mittel

Für die Röstzwiebeln 3 Zwiebeln abziehen, in feine Halbringe schneiden und in Butter goldgelb anbraten. Die Flüssigkeitsmenge richtet sich danach, wie viel Butter beim Rösten der Zwiebeln verwendet wurde.

Bananen-Nuss-Brot

▪ *400 g Weizenvollkornmehl* ▪ *3 TL Backpulver* ▪ *150 g brauner Zucker* ▪ *Etwas Salz* ▪ *125 g gemahlene Haselnüsse* ▪ *Ausgeschabtes Mark von 1 Vanilleschote* ▪ *200 g getrocknete Bananen-Chips* ▪ *3 Eier* ▪ *150 g weiche Butter* ▪ *ca. 150 ml Milch*

Programm: Vollwert Brot oder Normal Brot, Größe: L, Bräunung: mittel

Süsses Adventsbrot

▪ *30 g frische Hefe* ▪ *3 EL brauner Rohrzucker* ▪ *550 g Weizenvollkornmehl* ▪ *2 TL Salz* ▪ *1 EL Haselnussöl* ▪ *Je 40 g Rosinen, Sultaninen (gewaschen und getrocknet), Orangeat und Zitronat (fein gewürfelt)* ▪ *400 ml Wasser*

Programm: Vollwert Rosinen-Brot, Größe: L, Bräunung: hell

Fügen Sie die Rosinen, Sultaninen, Orangeat und Zitronat nach dem Ertönen des Signals zu.

Passen Sie die Reihenfolge der Zutaten Ihrem Automaten an!

Teige – im Automaten oder konventionell gemacht, im Backofen gebacken

Verschiedene Teige lassen sich sehr originell zu Kleingebäck formen. Variieren Sie je nach Anlass zwischen Stangen-, Hörnchen-, Brötchen- oder Brezenformen, oder gestalten Sie eigene kreative Gebilde. Besonders die eigenen Gebildeformen sollten einen Bezug zur Einladung haben, z. B. ein Herz aus Brotteig mit der Zahl 40 verziert.

Tomatenstangen ▸

Für ca. 20 Stück

Zutaten

- *25 g frische Hefe*
- *1 TL Honig*
- *5 EL lauwarmes Wasser*
- *500 g Weizenmehl (Type 550)*
- *1 Msp. Cayennepfeffer*
- *1 1/2 TL Salz*
- *40 g Butterflocken*
- *300 ml pürierte und passierte Tomaten (aus der Dose mit geschälten Tomaten oder Pizzatomaten)*
- *5 eingelegte getrocknete Tomaten, in feine Streifen geschnitten*

Zum Bestreichen

- *1 Eigelb*

1 Die Hefe mit Honig in Wasser auflösen. Das Mehl in eine Schüssel sieben, das Hefewasser und alle anderen Zutaten dazugeben und alles zu einem glatten Teig verarbeiten. Den Teig zugedeckt bei Zimmertemperatur 30 bis 40 Minuten gehen lassen.

2 Den fertigen Teig fingerdick ausrollen und in 20 Quadrate schneiden. Jedes Quadrat von einer Ecke aus aufrollen. Die Stangen auf ein bemehltes Blech setzen und zugedeckt noch 15 Minuten ruhen lassen.

3 Den Backofen vorheizen auf 200 °C (Umluft 180 °C, Gas Stufe 3). Die Stangen mit verquirltem Eigelb bestreichen, auf der mittleren Schiene ca. 25 Minuten backen.

Bei Herstellung im Automaten Programm: Teig, dann weiter im Rezept bei Punkt 2

Tipps

- Schneiden Sie die noch frischen Stangen auf, und bestreichen Sie dann jede Tomatenstange mit 1 Teelöffel selbstgemachten »Seval's Spezialspread«. Das Rezept finden Sie auf Seite 46.
- Die Tomatenstangen sollten am besten am gleichen Tag, also möglichst gleich nach dem Backen, verzehrt werden. Andernfalls werden sie schnell zäh. Natürlich können Sie das Gebäck aber auch noch einmal einige Minuten in den heißen Backofen schieben.

MÜRBE KNABBERHÖRNCHEN

FÜR CA. 20 STÜCK

ZUTATEN

- 1 Würfel frische Hefe
- 180–200 ml lauwarmes Wasser
- 300 g Dinkelvollkornmehl
- 200 g Hirsemehl
- 1 Prise Zucker
- 2 TL Salz
- 2 TL gemahlener Kümmel
- 100 g geriebener Hartkäse
- 80 g Butterflöckchen
- 2 Eier

Zum Bestreichen

- 1 Ei
- Etwas Salz

Zum Bestreuen

- Je 2 EL Mohn, Sesam und Leinsamen

1 Die Hefe in einer Tasse mit etwas Wasser auflösen. Die Mehle in eine Schüssel sieben, alle anderen Zutaten, zuletzt die angerührte frische Hefe und das restliche Wasser zugeben.

2 Die Zutaten mit den Knethaken des Handrührgeräts (oder der Küchenmaschine) so lange kneten, bis der Teig glänzend und elastisch ist.

3 Den Teig mit einem Küchentuch abdecken und an einem warmen Ort bis zur doppelten Größe aufgehen lassen.

4 Den Teig zu einer Rolle formen und diese in 20 gleich große Stücke teilen. Jedes Stück zu einem ca. 15 Zentimeter langen, gleichmäßigen Strang rollen. Die beiden Stangenenden jeweils verbinden und das Ganze mit der Hand in sich verdrehen, dann zu Hörnchen formen.

5 Den Backofen auf 200 °C (Umluft 180 °C, Gas Stufe 3) vorheizen. Die Hörnchen auf ein bemehltes Backblech legen. Ei mit etwas Salz verquirlen, die Hörnchen damit bestreichen und mit dem Ölsaatgemisch bestreuen. Die Hörnchen im Backofen 20 bis 25 Minuten backen.

Bei Herstellung im Automaten Programm. Teig , dann weiter im Rezept bei Punkt 3

CHEF-OLIVENBRÖTCHEN

FÜR CA. 20 STÜCK

ZUTATEN

- 60 g schwarze, kleine Oliven
- 30 g frische Hefe
- 200 ml lauwarmes Wasser
- 350 g Weizenmehl (Type 405)
- 1 TL Zucker
- $1/2$ TL Salz

1 Die Oliven entsteinen und klein schneiden. Die Hefe in Wasser auflösen. Das Mehl, die anderen Zutaten, zuletzt die angerührte Hefe und das restliche Wasser zugeben.

2 Die Zutaten mit den Knethaken des Handrührgeräts (oder der Küchenmaschine) so lange kneten, bis der Teig glänzend und elastisch ist. Den Teig zugedeckt an einem warmen Ort in ca. 60 Minuten bis zur doppelten Größe aufgehen lassen.

3 Den Teig auf einer bemehlten Arbeitsfläche zur Rolle formen. Die Teigrolle in

20 gleich große Stücke teilen und diese zu Brötchen formen. Den Backofen auf 200 °C (Umluft 180 °C, Gas Stufe 3) vorheizen.

4 Die Olivenbrötchen mit etwas warmem Wasser bestreichen, in den Backofen schieben und anschließend auf mittlerer Schiene ca. 20 Minuten backen.

Bei Herstellung im Automaten
Programm: Teig , dann weiter im Rezept bei Punkt 3.

- *1/2 Knoblauchzehe, durchgepresst*
- *Je 1 TL klein geschnittene Rosmarinnadeln und Thymianblätter*
- *Warmes Wasser*

Italienische Rosmarinbrötchen

Für ca. 25 Stück

ZUTATEN

- *2 EL Sultaninen*
- *2 frische Zweige Rosmarin*
- *5 EL Öl*
- *20 g frische Hefe*
- *1 Glas lauwarmes Wasser*
- *400 g Weizenmehl (Type 550)*
- *1/2 TL Salz*

1 Die Sultaninen in warmem Wasser einweichen. Den Rosmarin waschen, trockenschütteln und die Nadeln abstreifen. Das Öl in einem kleinen Töpfchen erhitzen und die Rosmarinnadeln darin kurz braten (nicht dunkel werden lassen!). Das Öl filtern und zur Seite stellen. Die Sultaninen ausdrücken und auf Küchenpapier trocknen lassen.

2 Die Hefe in einem Glas lauwarmem Wasser auflösen. Das Mehl in eine Schüssel sieben, eine Mulde hineindrücken und das Hefewasser mit etwas Mehl verrühren. Den Vorteig zugedeckt an einem warmen Ort ca. 30 Minuten gehen lassen.

3 Das Salz, das Rosmarinöl und die vorbehandelten Sultaninen zugeben. Den Teig kräftig durchkneten, dabei ab und zu lauwarmes Wasser zugießen. Den Teig so lange kneten, bis er geschmeidig ist.

4 Den Teig mit einem feuchten Tuch gut abdecken und weitere 2 Stunden gehen lassen. Aus dem Teig mit eingeölten Händen kleine, ovale Brötchen formen. Diese an der Oberfläche mit einer Schere kreuzweise einschneiden und auf ein bemehltes Blech legen. Die Brötchen mit einem Tuch bedecken und 30 Minuten gehen lassen.

6 Den Backofen auf 200 °C (Umluft 180 °C, Gas Stufe 3) vorheizen, die Brötchen darin auf der mittleren Schiene 15 bis 20 Minuten backen.

Bei Herstellung im Automaten
Zutaten vorbereiten wie im Rezept Punkt 1 beschrieben
Programm: Teig, dann weiter im Rezept bei Punkt 4
Hinweis: Kontrollieren Sie, ob der Teig genug Feuchtigkeit hat!

ZUTATEN

- *100 g gekochte Rote Bete*
- *1 Knoblauchzehe*
- *1 1/2 TL Salz*
- *2 erbsengroße Stücke frische Hefe*
- *100 ml lauwarmes Wasser*
- *200 g Weizenvollkornmehl*
- *2 EL Rapsöl*

ROTE PARTYBRÖTCHEN ▸

FÜR CA. 10 STÜCK

1 Die Roten Bete grob raspeln. Den Knoblauch schälen und dazu pressen, das Salz untermengen.

2 Für den Hefeteig die Hefe in dem Wasser auflösen. Das Mehl in eine Schüssel sieben, das Hefewasser und das Öl angießen, alles zu einem glatten Hefeteig verarbeiten. Den Teig an einem warmen Ort zugedeckt gut 30 Minuten gehen lassen.

3 Die Roten Bete kräftig unter den gegangenen Hefeteig kneten. Den Teig zu einer Rolle formen. Die Rolle in etwa 10 gleich große Teile schneiden und diese zu kleinen Brötchen formen. Die Brötchen auf ein bemehltes Backblech legen und an einem warmen Ort zugedeckt nochmals 30 Minuten gehen lassen.

4 Den Backofen auf 200 °C (Umluft 180 °C, Gas Stufe 4) vorheizen. Die Brötchen darin auf der mittleren Schiene 20 bis 25 Minuten backen.

> Bei Herstellung im Automaten
> Alle Zutaten in der richtigen Reihenfolge einfüllen
> Programm: Teig, dann weiter im Rezept bei Punkt 4

TIPP Die Brötchen passen sehr gut zu »Gerupftem«: Den Backofen auf 200 °C (Umluft 180 °C, Gas Stufe 3) vorheizen. Die Brötchen halbieren und jede Hälfte mit 1 Esslöffel Gerupfter bestreichen. Die Hälften im heißen Backofen etwa 10 Minuten überbacken. Köstlich!

ZUTATEN

- *200 g weicher Camembert*
- *100 g Butter*
- *1 EL Schnittlauch*
- *2 EL Dill*
- *Salz, Pfeffer*
- *3 EL Weißwein*
- *Radieschen*
- *Etwas Petersilie*

GERUPFTER

FUR 4 PERSONEN

1 Den Camembert in kleine Würfel schneiden und mit der Butter verrühren. Schnittlauch und Dill waschen, trockenschütteln und fein zerkleinern. Zur Camembert-Butter geben.

2 Die Masse mit Salz, Pfeffer und Wein abschmecken, mit Radieschen (je nach Jahreszeit können es auch Paprika oder Tomaten sein) und Petersilienblättchen oder Zwiebelringen anrichten.

PIZZATEIG

ZUTATEN

- 1 1/2 TL Trockenhefe
- 400 g Weizenmehl (Type 550)
- 1 TL Zucker
- 2 TL Salz
- 3 EL Olivenöl
- 210 ml lauwarmes Wasser

1 Trockenhefe und Mehl in einer Schüssel mischen. Alle anderen Zutaten, zuletzt das Wasser zugeben und mit den Knethaken des Handrührgeräts (oder der Küchenmaschine) so lange kneten, bis der Teig glänzend und elastisch ist.

2 Den Teig zugedeckt an einem warmen Ort gehen lassen, bis er die doppelte Größe erreicht hat.

3 Den Teig in 4 bis 6 Teile schneiden. Jedes Teil mit dem Handballen von innen nach außen zu einem dünnen Fladen ausdrücken, auf ein rundes Pizzablech legen, dann nach Wunsch belegen. Den Backofen auf 250 °C (Umluft 230 °C, Gas Stufe 5–6) vorheizen. Die Pizza im Backofen auf der unteren Schiene ca. 20 Minuten backen.

Bei Herstellung im Automaten Programm: Teig, dann weiter im Rezept bei Punkt 2

VARIANTEN

Rosmarin-Knoblauch-Pizzabrot

Den Teig zu mehreren dünnen Fladen formen, auf runde Pizzableche legen. Jeden Fladen mit 1 Teelöffel Olivenöl, etwas Rosmarinnadeln, Salz, Pfeffer und 1/2 klein gehackten Knoblauchzehe bestreuen. Das Pizzabrot bei 220 °C (Umluft 200 °C, Gas Stufe 4) 5 bis 7 Minuten auf der unteren Schiene backen.

Tomaten-Knoblauch-Pizzabrot

Den Pizzateig zu gleichgroßen Fladen formen. Je 1 Esslöffel pürierte Tomaten (am besten verwenden Sie dazu pürierte Pizzatomaten aus der Dose), 1/2 fein geschnittene Knoblauchzehe, einige Basilikumblätter und zuletzt Salz und Pfeffer auf den Fladen verteilen. Das Pizzabrot bei 220 °C (Umluft 200 °C, Gas Stufe 4) 5 bis 7 Minuten backen.

Kräuterfladen

Fügen Sie dem Teig bei der Zubereitung 2 Esslöffel italienische Gewürz-Kräuter-Mischung zu!

Vollkornfladen

Anstelle von Weißmehl können Sie für den Pizzateig auch Weizenvollkornmehl verwenden. Erhöhen Sie dann die Wassermenge auf 280 Milliliter.

TIPP Stellen Sie im Automaten diesen Pizzateig ohne Zusatz von Kräutern her, dritteln Sie die Teigmenge, und bearbeiten Sie jeden Teigteil einzeln weiter für die Dekorationsbackformen von Weltbild! (Weitere Rezepte und Anregungen für das Backen mit den Brotbackformen finden Sie auf den Seiten 84–86).

ISRAELISCHE PITTA

FÜR CA. 12 STÜCK

1 Hefe mit Zucker in einem Teil des Wassers auflösen und zugedeckt 10 Minuten stehen lassen. Restliches Wasser und Salz zugeben. Das Mehl nach und nach hineinsieben, dabei gut kneten, bis sich ein fester Teiglaib ergibt. Den Teig in eine geölte Schüssel legen und zugedeckt 1 Stunde gehen lassen.

2 Aus dem Teig ca. 12 kleine Teigbälle formen, diese zugedeckt weitere 10 Minuten ruhen lassen. Die kleinen Kugeln auf einem bemehlten Backbrett zu etwa 1/2 Zentimeter dicken Fladen formen, diese zugedeckt nochmals 10 Minuten ruhen lassen. Inzwischen den Backofen auf 200 °C (Umluft 180 °C, Gas Stufe 3) vorheizen.

3 Die Fladen mit einigem Abstand auf bemehlte Bleche legen und im vorgeheizten Backofen 8 Minuten backen. Sie sind fertig, wenn sie sich wölben und leicht bräunlich werden.

Bei Herstellung im Automaten Programm: Teig, dann weiter im Rezept bei Punkt 3

TIPP In die Brote eine Tasche einschneiden, mit Chumußpaste und einer scharfen Sauce aus Tomaten, Paprika und Alfalfa-Sprossen füllen – so isst man die Brote in Israel!

ZUTATEN

- *30 g frische Hefe*
- *1 TL Zucker*
- *1 1/4 Tassen lauwarmes Wasser*
- *1 TL Salz*
- *4 Tassen Weizenmehl (Type 405)*

Das Wort »Pitta« (oder: »Pat«) kommt bereits im babylonischen Talmud der Juden vor. Es bedeutet eigentlich Brotscheibe. Noch heute wird in Vorderasien und Nordafrika das Brot »Pitta« genannt.

CHUMUSS

FÜR 4–6 PERSONEN

1 Die Kichererbsen waschen und über Nacht in dem Wasser einweichen. Am nächsten Tag das Lorbeerblatt zufügen und die Kichererbsen im Einweichwasser in 1 1/2 Stunden weich kochen.

2 Das Lorbeerblatt entfernen, die Kichererbsen mit dem Pürierstab pürieren.

3 Die Knoblauchzehen schälen und dazupressen, anschließend die Masse mit Zitronensaft, getrockneter Minze, Kräutersalz und Pfeffer abschmecken.

4 Chumuß in eine breite Schüssel füllen, in die Mitte eine Mulde drücken und Olivenöl hineingießen.

ZUTATEN

- *400 g Kichererbsen*
- *Ca. 1 1/2 l Wasser*
- *1 Lorbeerblatt*
- *3–4 Knoblauchzehen*
- *Saft von 1–2 Zitronen*
- *1 TL getrocknete Minze*
- *Salz*
- *Pfeffer*
- *Olivenöl*

GEFÜLLTE HEFE-KRÄUTER-ROLLE MIT FRÜHSTÜCKSSPECK ▸

ZUTATEN

Für den Teig

- *1/2 Würfel frische Hefe*
- *100 ml lauwarmes Wasser*
- *500 g Weizenmehl (Type 405)*
- *1 1/2 TL Salz*
- *30 g weiche Butter*
- *1 Prise Zucker*
- *Ca. 200 ml lauwarme Milch*

Für die Füllung

- *70 g Butter*
- *100 g durchwachsener Frühstücksspeck, in kleine Würfel geschnitten*
- *3 Zwiebeln, in Würfel geschnitten*
- *2 Bund frische Petersilie*
- *1 Bund Basilikum*
- *Salz, Pfeffer*

Zum Bestreichen

- *1 Ei*
- *Etwas Wasser*
- *Salz*

1 Die Hefe in etwas Wasser auflösen, alle anderen Zutaten mit dem Hefewasser zusammen zu einem glatten Teig verarbeiten. Den Teig 2 Stunden zugedeckt an einem warmen Ort gehen lassen.

2 In einer Pfanne Butter zerlassen, Speck- und Zwiebelwürfel darin etwas anbraten, beiseite stellen und erkalten lassen. Die Kräuter waschen, trockenschütteln und fein hacken, mit der Zwiebel-Speck-Mischung vermengen, mit Salz und Pfeffer abschmecken.

3 Den fertigen Hefeteig auf einem bemehlten Backbrett fingerdick ausrollen, mit der Füllung bestreichen, dann von einer Seite her fest aufrollen.

4 Die Rolle mit der Naht nach unten auf ein mit Backpapier ausgelegtes Backblech legen und zugedeckt nochmals 30 Minuten ruhen lassen. Inzwischen den Backofen auf 200 °C (Umluft 180 °C, Gas Stufe 3) vorheizen.

5 Ei, Wasser und Salz verquirlen. Die Rolle damit bestreichen, die Oberfläche mit einer Gabel mehrmals einstechen. Die Rolle im Backofen auf der mittleren Schiene etwa 20 Minuten backen, dann die Temperatur auf 180 °C (Umluft 160 °C, Gas Stufe 2) reduzieren und in 30 Minuten fertig backen.

6 Die Rolle herausnehmen und auf einem Kuchengitter gut auskühlen lassen.

Bei Herstellung im Automaten Programm: Teig, dann weiter im Rezept bei Punkt 2

TIPP Sie können der Füllung noch 50 Gramm geröstete Erdnuss- oder Pinienkerne zugeben oder den Frühstücksspeck durch 100 Gramm zerbröselten Schafskäse ersetzen.

NORWEGISCHES MALZBROT

ZUTATEN

- *0,35 l Malzbier*
- *25 g frische Hefe*
- *4 EL dunkler Sirup*
- *1/2 TL Salz*
- *1/2 TL Anis (ganz)*
- *Je 1 Msp. gemahlener Pfeffer und Nelken*
- *50 g Rosinen*
- *Je 250 g fein gemahlenes Roggenmehl (Type 997) und Weizenmehl (Type 405)*

1 Das Bier leicht erwärmen, die Hefe darin auflösen. Alle anderen Zutaten in eine Schüssel füllen, das Hefebier dazugießen und alles gründlich miteinander verkneten. Den Teig mit einem sauberen Küchentuch abdecken und an einem warmen Ort ca. 1 Stunde gehen lassen.

2 Anschließend den Teig zu einem ovalen Laib formen und diesen auf einem bemehlten Backbrett zugedeckt nochmals 30 Minuten ruhen lassen. Inzwischen den Backofen auf 190 °C (Umluft 170 °C, Gas Stufe 2–3) vorheizen.

3 Den gegangenen Teiglaib auf ein bemehltes Backblech setzen und im vorgeheizten Backofen etwa 45 Minuten backen. Achtung! Bei diesem Brot die Ofentür während des Backens nicht öffnen!

4 Das heiße Brot sofort nach dem Herausnehmen mit kaltem Kaffee bestreichen (alternativ etwas Zuckerwasser nehmen), damit es schön glänzt.

TIPP In Norwegen isst man dieses Brot gerne mit kalter, geräucherter Lammkeule oder mit norwegischem Käse (z. B. Geitost).

RUSTIKALER FLADEN

FÜR 8 STÜCK

ZUTATEN

- *1 1/2 TL Trockenhefe*
- *Je 100 g Weizen- und Roggenvollkornmehl*
- *50 g Hafermehl*
- *50 g gemahlene Hirse*
- *Je 1 TL Salz, gemahlener Kümmel und Koriander*
- *300 ml lauwarmes Wasser*

Zum Bestreuen

- *Samen oder Kerne*

1 Die trockenen Zutaten in einer Schüssel vermengen, das Wasser nach und nach unterkneten. Den Teig zugedeckt 2 Stunden an einem warmen Ort quellen lassen.

2 Den Backofen auf 220 °C (Umluft 200 °C, Gas Stufe 4) vorheizen. Ein Backblech mit Mehl bestreuen. Den Teig in 8 gleich große Stücke teilen. Diese mit nassen Händen auf dem Blech zu ca. 1 Zentimeter flachen runden Fladen formen.

3 Die Fladen nach Belieben mit den Samen oder Kernen bestreuen und auf der mittleren Schiene etwa 25 Minuten backen.

TIPP Diese Fladen sollten am besten sofort gegessen werden, da sie sonst leicht zäh werden. Sie können die Fladen aber auch lauwarm in eine Plastiktüte geben und zu gegebener Zeit einfach nochmals mit Wasser besprühen und bei 220 °C (Umluft 200 °C, Gas Stufe 4) in 5 bis 7 Minuten aufbacken.

RICOTTA-SCHINKEN-BROT

1 Mehle und Trockenhefe mischen. Sauerteig, Salz, Zucker, gemahlenen Kümmel und Wasser zu einem glatten Teig verkneten.

2 Schinken und Ricotta würfeln. Den Rosmarin waschen und trockenschütteln. Die Nadeln abstreifen und klein schneiden. Diese Zutaten unter den Teig kneten. Den Teig zugedeckt an einem warmen Ort 1 Stunde gehen lassen.

3 Den Teig nochmals durchkneten und zu einem großen Laib formen. Den Laib auf ein bemehltes Backblech legen, mit Wasser bestreichen und den Kümmelsamen bestreuen, zugedeckt weitere 20 Minuten ruhen lassen. Inzwischen den Backofen auf 200 °C (Umluft 180 °C, Gas Stufe 3) vorheizen.

4 Das Brot im Backofen auf der mittleren Schiene etwa 60 Minuten backen, vor dem Herausnehmen unbedingt die Klopfprobe machen!

ZUTATEN

Für den Teig

- 350 g Roggenmehl (Type 997)
- 150 g Weizenmehl (Type 550)
- 1 Pck. Trockenhefe (2 TL)
- 150 g Sauerteig
- 1 TL Salz
- 1 TL Zucker
- 1 TL gemahlener Kümmel
- 350 ml lauwarmes Wasser
- 150 g gekochter, kräftiger Schinken
- 200 g Ricotta
- 1 Zweig frischer Rosmarin
- 1 EL Kümmelsamen

LEBERWURST-DIP

FÜR 4 PERSONEN

1 Die Gewürzgurken in kleine Würfelchen schneiden. Die Zwiebel schälen und fein hacken. Mit den anderen Zutaten verrühren.

2 Den Dip mit Salz und Pfeffer würzen. Falls der Dip zu fest ist, etwas Wasser oder Wein unterrühren, kalt stellen.

TIPPS

- Mit dem »Rustikalen Fladen« (Rezept → Seite 76) gedippt, entfaltet diese würzige Paste ihr volles Aroma.
- Der Dip kann 1 Tag vorher zubereitet werden, muss dann aber im Kühlschrank stehen.

ZUTATEN

- 2 Gewürzgurken
- 1 Zwiebel
- 150 g Pfälzer Leberwurst
- 100 g Schmelzkäse
- 75 g Frischkäse
- 4 EL Mayonnaise
- 1 EL Senf
- Etwas Majoran
- Salz, Pfeffer

ZUTATEN

- Je 500 g Roggenmehl (Type 997 und 1370)
- 100 g Weizenmehl (Type 550)
- 1 EL Salz
- 2 EL Brotklee (Schabziegerklee), gemahlen
- 1 EL Kümmel
- 1 EL Anis
- 200 g Sauerteig
- 1/2–3/4 l lauwarmes Wasser

VINSCHGER PAARLEN ▸

FÜR CA. 15 STÜCK

1 Mehle, Salz und Gewürze mischen, in die Mitte eine Mulde drücken und den Sauerteig hineingeben. Den Sauerteig mit etwas Wasser zu einem Vorteig verrühren und diesen zudeckt 30 Minuten an einem warmen Ort ruhen lassen.

2 Das restliche Wasser je nach Bedarf zugießen und alle Zuaten zu einem relativ weichen Teig verkneten. Den Teig zugedeckt an einem warmen Ort 2 Stunden gehen lassen.

3 Den Teig in faustgroße Stücke teilen. Je 2 Stücke (als Paar) nebeneinander auf ein bemehltes Blech legen und zugedeckt nochmals 30 Minuten gehen lassen. Inzwischen den Backofen auf 210 °C (Umluft 190 °C, Gas Stufe 3–4) vorheizen.

4 Die Vinschger Paarlen im vorgeheizten Backofen 25 bis 30 Minuten backen. Die fertigen Vinschgerl herausnehmen, auf ein Kuchengitter legen und auskühlen lassen.

ZUTATEN

- 150 g Roggenmehl (Type 1370)
- 150 g Weizenmehl (Type 405)
- 20 g Hefe
- 5 EL lauwarmes Wasser
- 1 TL Zucker
- 4 Knoblauchzehen
- 40 g Butter
- 1 Msp. Piment
- 2 TL grüne Pfefferkörner aus dem Glas
- 1 TL Salz
- 200 ml trockener Weißwein
- Etwas grobes Salz

KNOBLAUCH-WEIN-FLADEN

FÜR 10–12 STÜCK

1 Die Mehle in einer Schüssel mischen, eine Mulde eindrücken. Hefe mit Wasser und Zucker verrühren, in die Mulde gießen und einen kleinen Vorteig rühren.

2 Knoblauch schälen, würfeln und in der Butter goldgelb dünsten, erkalten lassen. Piment, Pfefferkörner, Salz und den Knoblauch mit der Butter zum Vorteig geben. Den Wein angießen und alles zu einem geschmeidigen Teig verkneten. Den Teig zugedeckt an einem warmen Ort 60 Minuten gehen lassen.

3 Den Teig auf einem bemehlten Backbrett zu kleinen, ca. 1 Zentimeter dicken Fladen ausrollen, auf das bemehlte Backblech setzen, abgedeckt nochmals 10 Minuten gehen lassen. Inzwischen den Backofen auf 210 °C (Umluft 190 °C, Gas Stufe 3–4) erhitzen.

4 Kurz vor dem Einschieben die Fladen mit heißem Wasser bestreichen und das grobe Salz darauf streuen. Die Fladen im Backofen – je nach Größe – 25 bis 30 Minuten backen.

FRÄNKISCHE DÄTSCHER

ZUTATEN

Für den Teig

- *15 g Hefe*
- *Etwas lauwarme Milch*
- *500 g Weizenmehl (Type 550)*
- *125 g weiches Butterschmalz*
- *200 g gekochte, geriebene Kartoffeln*
- *Salz*
- *Fett für das Blech*

Für den Belag

- *50 g Butter*
- *5 EL Sauerrahm*
- *Salz*
- *Kümmel*

1 Die Hefe zerbröckeln und mit etwas lauwarmer Milch und etwas Mehl verrühren. Den Vorteig zugedeckt etwa 30 Minuten gehen lassen.

2 Butterschmalz und die geriebenen Kartoffeln mit dem Vorteig, dem restlichen Mehl und etwas Salz zu einem Teig verkneten. Den Teig in Stücke teilen und diese zu handtellergroßen Fladen formen.

3 Die Fladen auf ein gefettetes Blech legen. Die Butter zerlassen und wieder abkühlen lassen. Die Fladen damit und mit dem Sauerrahm bestreichen, mit Salz und Kümmel bestreuen und nochmals 30 Minuten gehen lassen. Den Backofen auf 225 °C (Umluft 200 °C, Gas Stufe 4) vorheizen.

4 Die Fladen im Backofen in 15 bis 20 Minuten goldgelb backen. Dätscher schmecken am besten frisch.

TIPPS

- Zum Aperitif vor einem rustikalen Buffet oder zu einem Glas Maiwein (Rezept → unten) schmecken diese Fladen sehr gut.
- Fertige Dätscher lassen sich ausgezeichnet einfrieren. Man schiebt sie dann einfach im gefrorenen Zustand in den auf 225 °C (Umluft 200 °C, Gas Stufe 4) vorgeheizten Backofen und backt sie 5 bis 7 Minuten.

FRÄNKISCHER MAIWEIN

FÜR CA. 18–20 GLÄSER

ZUTATEN

- *1 Bund Waldmeister (schon etwas welk!)*
- *2 Bocksbeutel trockener fränkischer Weißwein*
- *1 Flasche trockener Sekt*

1 Den gut gekühlten Wein in ein Bowlegefäß gießen, den Waldmeister in einen Teefilter aus Papier geben und so in den Wein hängen. Kalt stellen.

2 Nach ca. 1 Stunde den Waldmeister wieder entfernen und das Getränk mit dem gut gekühlten Sekt aufgießen.

TIPPS

- Achten Sie darauf, dass der Waldmeister nicht länger als 1 Stunde im Wein bleibt, da sonst unangenehmes Kopfweh die Folge sein könnte. Aus diesem Grund wird bei diesem Rezept auch kein Zucker zugesetzt.
- Sehr zu empfehlen dazu ist das »Kokosflocken-Weizen-Brot«, Rezept → Seite 51.

MEXIKANISCHE MAISMUFFINS

FÜR 12 STÜCK

1 Die Zwiebel schälen, die Paprika waschen und putzen, beides sehr klein würfeln. Mit Eiern, Buttermilch, Öl, Käse und dem abgetropften Mais in einer Schüssel verrühren. Den Backofen auf 210 °C (Umluft 190 °C, Gas Stufe 3–4) vorheizen.

2 In einer anderen großen Schüssel Maismehl, Weizenmehl, Backpulver, Salz und Chilipulver gut mischen.

3 Die flüssigen Zutaten auf die trockenen Zutaten gießen und alles möglichst rasch mit einem Holzlöffel vermengen (nur so lange mischen, bis »alles befeuchtet« ist!).

4 Die Vertiefungen einer Muffinform einfetten oder Papierförmchen hineinsetzen. Die Vertiefungen zu zwei Dritteln mit Teig füllen. Die Muffins im Backofen ca. 25 Minuten backen.

5 Die Muffins herausnehmen, einige Minuten in der Form abkühlen lassen und dann auf ein Kuchengitter legen. Sind sie ganz erkaltet, die Muffins in dicht schließende Plastikbeutel verpacken. Kühl gelagert bleiben Sie bis zu 1 Woche frisch.

TIPPS

- Am besten benutzen Sie für diese Muffins eine antihaft-beschichtete Muffinform für 12 Muffins. Wenn Sie keine Muffinform haben, setzen Sie 3 bis 4 Papierförmchen ineinander oder backen die Muffins in ofenfesten Tassen.
- Grundsätzlich werden bei Muffins trockene und feuchte Teigzutaten getrennt gemischt und erst dann vermengt.
- Setzen Sie die Gebäckstücke in bunte Papierförmchen, verpacken Sie diese in kleine Cellophan-Geschenktütchen, und verzieren Sie diese mit einer Schleife.

ZUTATEN

- *1 mittelgroße Zwiebel*
- *1/2 grüne Paprika*
- *2 große Eier*
- *250 ml Buttermilch*
- *75 ml Pflanzenöl*
- *200 g geriebener, würziger Käse*
- *1 kleine Dose Mais*
- *140 g Maismehl*
- *120 g Weizenmehl (Type 550)*
- *2 TL Backpulver*
- *1/2 TL Salz*
- *1 TL scharfes Chilipulver*
- *Fett für die Form oder 12 Papierförmchen*

BROT OHNE LOCKERUNGS- UND TREIBMITTEL

Die Fladen müssen wirklich hauchdünn ausgerollt sein und sofort nach dem Backen verzehrt werden. Nur dann sind sie knusprig. Selbst ein kurzes Aufbacken im heißen Ofen nützt nicht viel: So dünne Fladen werden schnell braun.

INDISCHE CHAPATI-FLADEN ▸

FÜR 8 STÜCK

ZUTATEN

- *250 g feines Weizenvollkornmehl*
- *$1/4$ TL Salz*
- *$1/2$ Tasse Wasser*
- *2 TL Öl*

Zum Ausbacken und Bestreichen

- *Butterschmalz*

1 Alle Zutaten zu einem weichen, geschmeidigen Teig verkneten (eventuell Wasser zugeben), in einen Gefrierbeutel geben und 30 Minuten ruhen lassen. Aus dem Teig acht kleine Bälle formen und diese auf einer bemehlten Arbeitsfläche dünn ausrollen.

2 Eine schwere Pfanne erhitzen, gut mit Butterschmalz einreiben und einen Chapati-Fladen einlegen. Sobald er Blasen wirft, den Fladen umdrehen und auf der anderen Seite fertig backen. Der Backvorgang pro Chapati dauert nur 1 Minute!

3 Den fertigen Fladen aus der Pfanne nehmen, nochmals mit etwas Butterschmalz bestreichen und im auf 100 °C (Umluft 80 °C, Gas Stufe 1) vorgeheizten Backofen zugedeckt warm halten, bis alle Fladen fertig gebacken sind.

TIPPS

- Das beste Ergebnis erzielen Sie, wenn Sie für jeden Fladen die Pfanne neu einfetten. Dieses indische Brot schmeckt ausgezeichnet mit würzigen Dips, z. B. mit Chumuß (Rezepte → Seite 73).
- Chapatis können auch ohne Fett in einer beschichteten Pfanne gebacken werden. Dann müssen die Fladen mit einem sauberen Küchentuch sanft auf den Pfannenboden gedrückt werden, bis sie leichte braune Stellen aufweisen.

VARIANTE

Soja-Chapatis

150 Gramm Sojamehl, 150 Gramm fein gemahlenes Weizenmehl, $1/4$ Teelöffel Salz, $1/2$ Liter Wasser vermengen und 30 Minuten in einem Gefrierbeutel ruhen lassen. Die Chapatis wie oben beschrieben zubereiten.

BROT IN DEKORATIONSBACKFORMEN

Passen Sie die Reihenfolge der Zutaten Ihrem Automaten an!

Mit diesen originellen Brotbackformen in Herz-, Stern- und Blumenform (Foto → Seite 13, Bestelladresse → Seite 95) können Sie am kalten Buffet richtig zaubern. Backen Sie ein rotes, gelbes und grünes Brot in diesen Formen, schneiden Sie es in feine Scheiben, und arrangieren Sie die Scheiben als Blume mit grünem Stiel, roter oder gelber Blüte. Das ist ein schöner Blickfang auf einer großen Servierplatte, besonders wenn Sie diese Brotblume auf einem Bett von frischer Kresse (als »Wiese«) dekorativ anrichten.

BACKEN IN FORMEN (GRUNDREZEPT)

FÜR 3 BROTE IN VERSCHIEDENEN FORMEN: HERZ, STERN, BLUME

ZUTATEN

- *2 EL lauwarmes Wasser*
- *1/2 Würfel frische Hefe*
- *1 TL Zucker*
- *250 ml warme Milch*
- *60 g flüssige Butter*
- *1 TL Salz*
- *500 g Weizenmehl (Type 550)*
- *Butter für die Formen*

1 Wasser, Hefe und Zucker verrühren und 5 Minuten ruhen lassen. In einer großen Schüssel Milch, Butter und Salz vermengen, das Mehl dazusieben, das Hefewasser zugeben und alles mit den Knethaken des Handrührgeräts so lange kneten, bis ein relativ weicher, glänzender und geschmeidiger Teig entstanden ist. Den Teig abdecken und an einem warmen Ort mindestens 1 Stunde gehen lassen.

2 Die Formen leicht einfetten. Den Teig in drei Stücke teilen und jede Form bis zu einem Drittel mit Teig füllen. Den Deckel aufsetzen, die Formen senkrecht aufstellen und den Teig weitere 45 Minuten gehen lassen. Inzwischen den Backofen auf 200 °C (Umluft 180 °C, Gas Stufe 3) vorheizen.

3 Die Brote in den senkrecht stehenden Formen im vorgeheizten Backofen 10 Minuten backen, dann die Temperatur auf 190 °C (Umluft 170 °C, Gas Stufe 2–3) reduzieren und die Brote weitere 20 bis 25 Minuten backen.

4 Die fertigen Brote möglichst schnell aus der Form lösen und auf einem Kuchengitter abkühlen lassen.

Programm: Teig, dann weiter im Rezept bei Punkt 2

TIPP Die Backformen sollten Sie immer sofort nach Gebrauch säubern und sorgfältig trockenreiben!

Grünes Vollkornbrot

(Z.B. IN DER STERNFORM) · FÜR ZWEI STÜCK

1 Das Vollkornmehl, die Hefe und den Zucker verrühren. Die Zutaten mit Butter, Salz und Wasser zu einem weichen Teig verkneten, diesen zugedeckt 30 Minuten gehen lassen.

2 Die Zwiebel schälen und fein hacken. Die Petersilie (oder Bärlauch) und den Schnittlauch waschen, trockenschütteln und ebenfalls fein hacken. Diese Zutaten und das Weizenmehl unter den Teig kneten. Den Backofen auf 200 °C (Umluft 180 °C, Gas Stufe 3) vorheizen.

3 Anschließend den Teig weiterverarbeiten und backen wie im Grundrezept (→ Seite 84) beschrieben.

Programm: Teig, dann weiter im Rezept bei Punkt 2

Varianten

Spinatbrot

Arbeiten Sie zusätzlich 6 bis 10 Blätter frischen, ungekochten, fein zerkleinerten Spinat unter den Teig. Das gibt eine schöne grüne Farbe! Alternativ können Sie 1 Teelöffel Spirulina aus dem Naturkost-Fachgeschäft zufügen.

Grünes Würzbrot mit Käse

112 g TK-Blattspinat (= 1 Würfel) auftauen, sehr fein zerkleinern und den Saft ausdrücken. 100 Gramm Zucchini raspeln, den Saft ausdrücken. 1 Bund Petersilie waschen, trockenschütteln und fein hacken.
100 Gramm geräucherten Käse in kleine Würfel schneiden. Diese Zutaten zu den Zutaten aus dem Grundrezept in den Automaten geben bzw. von Hand unter den Teig kneten. Weiterarbeiten und backen wie im Grundrezept beschrieben.

Zutaten

- *300 g Weizenvollkornmehl*
- *1 gehäufter TL Trockenhefe*
- *1 Prise Zucker*
- *30 g weiche Butter*
- *1 TL Salz*
- *Ca. 200 ml Wasser*
- *1 Zwiebel*
- *1 Bund Petersilie (oder Bärlauch)*
- *1 Bund Schnittlauch*
- *250 g Weizenmehl (Type 550)*

Gelbes Vollkorn-Blumen-Brot

FÜR 2 BROTE

1 Mehl, Trockenhefe und Zucker in einer Schüssel mischen. Butter und Wasser zufügen, alles zu einem weichen Teig verkneten, diesen zugedeckt 30 Minuten gehen lassen.

2 Das Maismehl, Safranpulver, Kurkuma und Salz in den Teig einarbeiten. Weiterarbeiten und Backen wie im Grundrezept (→ Seite 84) beschrieben.

Zutaten

- *300 g Weizenvollkornmehl*
- *1 gehäufter TL Trockenhefe*
- *1 Prise Zucker*
- *30 g Butter*
- *Ca. 200 ml lauwarmes Wasser*
- *50 g Maismehl*
- *2 Msp. Safranpulver*
- *$^1/_2$TL Kurkuma*
- *1 TL Salz*

Passen Sie die Reihenfolge der Zutaten Ihrem Automaten an!

GELBES CURRY-MAIS-BROT

TEIGHERSTELLUNG IM AUTOMATEN · FÜR 2 BROTE

■ 1 TL Trockenhefe ■ 1/2 TL Zucker ■ 300 g Weizenmehl (Type 550) ■ 1 TL Currypulver ■ 1 TL Salz ■ 30 g Butter ■ 180–200 ml lauwarmes Wasser ■ 100 g abgetropfte Maiskörner aus dem Glas

Programm: Teig

Die Zutaten in der angegebenen Reihenfolge in den Automaten geben, kurz vor Ende der Knetphase bei der Teigzubereitung die Maiskörner zufügen. Nach der Teigherstellung im Automaten weiterarbeiten und backen wie im Grundrezept (→ Seite 84) beschrieben.

ROTES VOLLKORNHERZ ▸

TEIGHERSTELLUNG IM AUTOMATEN · FÜR 2 BROTE

■ 1 1/2 TL Trockenhefe ■ 1/2 TL Zucker ■ 300 g Dinkelvollkornmehl ■ 200 ml Rote Bete-Saft und Wasser (2:1) ■ 1 EL Hefeflocken ■ 1 TL Paprikapulver ■ 1 rote Paprika (ca. 150 g), sehr klein geschnitten

Programm: Teig

Nach der Teigzubereitung im Automaten weiterarbeiten und backen wie im Grundrezept (→ Seite 84) beschrieben.

BROT-SPECIALS

Passen Sie die Reihenfolge der Zutaten Ihrem Automaten an!

GLUTENFREIE BROTE AUS DEM BACKAUTOMATEN

Zöliakie bzw. Sprue ist eine Erkrankung des Dünndarmes, die eine gänzliche Unverträglichkeit von Gluten (Klebereiweiß; dieses sorgt für einen elastischen, lockeren Teig; Klebereiweiß findet sich in Weizen, Gerste, Hafer, Dinkel und in weizenverwandten Getreidesorten) zur Folge hat. Deshalb müssen alle Mehle mit Klebereiweiß vermieden werden. Das heißt allerdings nicht, dass glutenfreie Brote nicht auch schmecken können. Testen Sie einfach!

Grundsätzliche Hinweise

- Wer glutenfreies Brot selbst backt, muss damit rechnen, dass es krümeliger ist als Brot, das mit Weizen- oder Roggenmehl gebacken wurde.
- Sorgen Sie dafür, dass der Backautomat vor dem Backen von glutenfreiem Brot immer peinlich genau gereinigt wurde (alte Krümel von glutenhaltigem Brot sind für Zöliakie- bzw. Spruekranke gesundheitsschädlich).
- Die in den folgenden Rezepten verwendeten besonderen Zutaten bekommen Sie alle im Naturkostladen oder im Reformhaus.
- Alle Brote wurden mit dem Brotbackautomaten von Panasonic, Typ SD 253 A, gebacken. Der Hersteller empfiehlt folgende Reihenfolge der Zutaten: Wasser, Salz, Fettstoffe und Gewürze, dann die glutenfreien Mehle und zum Schluss die Hefe. In dieser Reihenfolge können die glutenfreien Mehle besser eingeknetet werden und ihre Inhaltsstoffe sich wirkungsvoller entfalten.

  Das gewählte Programm heißt jeweils »glutenfrei«. Der Automat Panasonic Typ SD 253 A beginnt sofort mit einer 5-minütigen Knetphase, lässt den Teig 60 Minuten gehen und backt ihn dann 50 Minuten. Die Teiggröße stellt sich automatisch auf »mittel« ein, ebenso die Bräunung.

  Ein nicht ganz so gutes, aber trotzdem akzeptables Backergebnis erzielen Sie auch in anderen Brotbackautomaten. Dazu benutzen Sie bitte das Programm »Normal Brot« oder »Vollwert Brot« und beachten die Reihenfolge der Zutaten.

Schmeckt sehr gut mit selbstgemachten Brotaufstrichen, z. B. »Seval's Spezialspread« *(→ Seite 46)*

Glutenfreies Mischbrot

Das äußerst gesunde Kastanienmehl gibt diesem Brot einen besonderen Geschmack.

- *400 ml Wasser* ▪ *2 gehäufte TL Salz* ▪ *100 g Sojamehl (vollfett)* ▪ *200 g Kichererbsenmehl* ▪ *200 g Kastanienmehl* ▪ *150 g gemahlene Haselnüsse* ▪ *1 TL Honig* ▪ *1 Päckchen Trockenhefe*

11 BE

Glutenfreies helles Standardbrot

Ein sehr variables Brot, das ähnlich wie Toastbrot auf verschiedenste Arten zu genießen ist.

- *300 ml Wasser* ▪ *1 1/2 TL Salz* ▪ *40 g Butter* ▪ *50 g Amaranthmehl* ▪ *100 g Reismehl* ▪ *200 g Kartoffelstärke* ▪ *30 g Maismehl* ▪ *1 Msp. Fruchtzucker* ▪ *1 1/2 TL Trockenhefe*

20 BE

Glutenfreies Kastanien-Nuss-Brot

Kastanienmehl ist gut gegen Rheumaleiden!

- *400 ml Wasser* ▪ *1 EL Apfelessig* ▪ *1 1/2 TL Meersalz* ▪ *100 g Kastanienmehl* ▪ *50 g Hirseflocken* ▪ *50 g Sojamehl mager* ▪ *150 g Kartoffelstärke* ▪ *50 g gehackte Walnüsse* ▪ *1 Msp. Fruchtzucker* ▪ *20 g Sesam* ▪ *2 EL Leinsamen* ▪ *6 g Biobin* ▪ *2 1/2 TL Backpulver* ▪ *1 TL Trockenhefe*

19 BE

Glutenfreies Brot »Tropical«

Ein nicht ganz gewöhnliches, saftiges Festtagsbrot.

- *150 ml Kokosmilch* ▪ *150 ml Wasser* ▪ *2 EL Sonnenblumenöl* ▪ *1 Ei (oder Ei-Ersatz, das gibt es im Reformhaus)* ▪ *1 1/2 TL Salz* ▪ *1 Prise Zucker* ▪ *50 g Sojamehl mager* ▪ *50 g Reismehl* ▪ *150 g Maismehl* ▪ *150 g Maisstärke* ▪ *50 g Kokosfleisch gewürfelt oder 30 g Kokosflocken* ▪ *20 g frischer Ingwer fein gewürfelt* ▪ *2 EL Leinsamen* ▪ *1 TL Kreuzkümmel ganz* ▪ *Je 1 Prise Anis und Piment* ▪ *7 g Biobin* ▪ *1 Pck. Backpulver*

23 BE

FEINE RESTEVERWERTUNG

Wer Brot selber backt, hat ein Gefühl für sein »Werk« und möchte sicher nicht, dass es verdirbt und im Mülleimer landet. Hier schafft das Tiefkühlgerät Abhilfe, oder ich schenke es Freunden oder Nachbarn. Wird mein Brot trotz aller Umsicht alt, greife ich in meine persönliche Trickkiste für die Resteverwertung – auch aus altem Brot lässt sich noch manch feines Gericht zaubern. Nicht mehr frische Brötchen lassen sich sehr einfach wieder »zum Leben erwecken«: Tauchen Sie die Gebäckstücke sehr kurz in heißes Wasser, und schieben Sie diese dann in das vorgeheizte (200 °C) Backrohr.

Altbackenes Brot, in Würfel geschnitten, mit heißer, würziger Brühe aufgegossen, ist die Grundlage für eine feine Brotsuppe.

CROSTINI

Altbackene Weiß- oder Vollkornbrotscheiben (kein altes Toastbrot verwenden – es wird weich und verfällt!) mit verschiedenen Pasten oder Farcen (z. B. Paprika-Schinken-Spread, → Seite 44) bestreichen und im heißen Ofen 10 Minuten überbacken.

CROÛTONS

Fingerdicke Scheiben altbackenes Weiß- oder Mischbrot in grobe Würfel schneiden, in heißem Olivenöl (Chiliöl, Bärlauchöl, Knoblauchöl etc.) oder Butter goldgelb rösten. Zuletzt mit frischem Knoblauch einreiben und zu einem Glas Rotwein servieren.

EINFACHE BAUERN-BRUSCHETTA

Brotscheiben im 220 °C (Umluft 200 °C, Gas Stufe 4) heißen Backofen einige Minuten goldgelb rösten, mit Knoblauchzehen einreiben und mit Olivenöl beträufeln.

Semmelbrösel

Aus altbackenem Brot können Sie im Mixer oder in der Küchenmaschine Semmelbrösel zubereiten. Dazu hauptsächlich Weißbrotsorten verwenden, die schon ziemlich hart sind. Semmelbrösel finden zum Binden von Hackfleischbällchen etc. Verwendung. Mit geriebenem Parmesan vermengt (Verhältnis 1:1), ergeben sie eine schmackhafte Panade oder eignen sich zum Überbacken, z. B. von Kabeljaufilet, Jakobsmuscheln etc.

Brottorte

Für 1 Form von 25 cm Ø

ZUTATEN

- *150 g altbackenes Schwarzbrot (möglichst ohne Kümmel oder andere kräftige Gewürze)*
- *3 EL Rum*
- *4–6 EL Rotwein*
- *8 Eier*
- *250 g Zucker*
- *1 TL Zimt*
- *$1/2$ TL Nelken, gemahlen*
- *50 g Zitronat, sehr fein geschnitten*
- *50 g Orangeat, sehr fein geschnitten*
- *200 g Mandeln und Haselnüsse gemischt, fein gemahlen*
- *50 g Mehl*
- *$1/2$ TL Backpulver*
- *Fett und Semmelbrösel für die Form*

1 Brot toasten (harte Rinde entfernen), zu Semmelbröseln verarbeiten. Die Brösel mit Rum und Rotwein übergießen, 30 Minuten ziehen lassen. Eine Tortenform fetten und mit Semmelbröseln ausstreuen. Den Backofen auf 180 °C (Umluft 160 °C, Gas Stufe 2) erhitzen. Die Eier trennen. Eigelbe und Zucker schaumig rühren, Gewürze, Zitronat und Orangeat unterheben. Die Eiweiße zu sehr steifem Eischnee schlagen, auf die Eigelbmasse geben.

2 Mehl und Backpulver sieben, mit den Nüssen und den getränkten Brotbröseln unter die Eigelbmasse und den Eischnee ziehen. Die Masse in die Tortenform füllen und den Kuchen 60 bis 90 Minuten backen (Stäbchenprobe machen!).

3 Zum vollständigen Erkalten die Torte aus der Form nehmen, dann unter einem Tortendeckel 1 Tag stehen lassen.

4 Am nächsten Tag die Torte ein Mal quer durchschneiden und mit Weichselmarmelade füllen. Die Torte mit einer Glasur aus Rotwein und Puderzucker bestreichen.

TIPP Lassen Sie die Torte 1 bis 2 Tage nach Fertigstellung durchziehen.

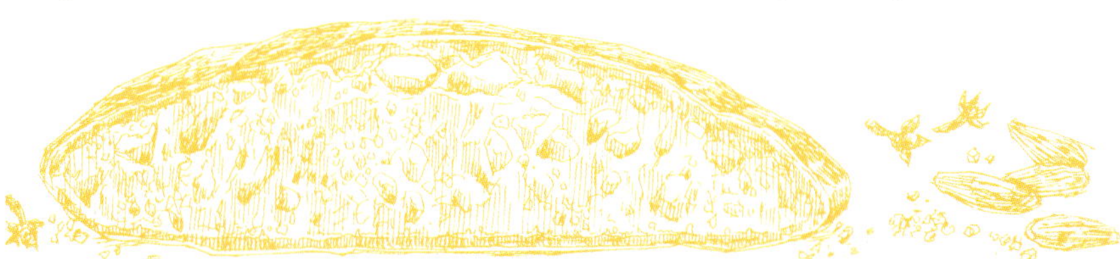

Über dieses Buch

Unsere Rezepte werden von erfahrenen Fachautoren kreiert und erprobt. Wir freuen uns jedoch über Anregungen, Tipps oder Kritik und helfen bei Fragen gerne weiter. Bitte wenden Sie sich an:
Weltbild Buchverlag, Steinerne Furt 67, 86167 Augsburg, oder schicken Sie uns eine E-Mail an: Simone.Abele@weltbild.de

Versuchsküche: Sabine Haberbosch

Die Autorin
Gertrud Weidinger, Mutter zweier Söhne und leidenschaftliche Köchin, unterrichtet nicht nur seit vielen Jahren an der Grundschule, sondern ist auch als Autorin zahlreicher Bücher für Erwachsene und Jugendliche bekannt geworden. Im Bereich Kochen veröffentlichte sie bereits den erfolgreichen Titel »Rucola & Bärlauch«. Gertrud Weidinger lebt bei München.

Der Fotograf
Karl Newedel, Münchner Fotodesigner, sammelte nach seiner Ausbildung zum Koch nationale wie internationale Erfahrungen in großen Häusern, bevor er sich 1982 als freischaffender Food-Stylist einen Namen machte. Seit 1996 agiert er selbst hinter der Kamera und gibt zahlreichen Büchern ein unverwechselbares Gesicht.

Die Illustratorin
Beate Brömse ist Illustratorin und Malerin. Sie arbeitet für zahlreiche Verlage, und ihre Arbeiten wurden u.a. in »graphis annual« und »novum« veröffentlicht. Beate Brömse lebt in München.

Haftungsausschluss
Die Inhalte dieses Buches sind sorgfältig recherchiert und erarbeitet worden. Dennoch kann weder die Autorin noch der Verlag für die Angaben in diesem Buch eine Haftung übernehmen.

Bildnachweis
Alle Fotos: Karl Newedel, München

Impressum

Weltbild Buchverlag
–Originalausgaben–

Projektleitung: Friederike Lutz
Redaktion: Claudia Daiber
Umschlag: X-Design, München
Titelbild: Karl Newedel
Layout/DTP/Satz: Lydia Koch, Augsburg
Reproduktion: P.O.M., Augsburg
Druck und Bindung: Offizin Andersen Nexö Leipzig GmbH – ein Unternehmen der Union Verwaltungsgesellschaft, Spenglerallee 26–30, 04442 Zwenkau

Gedruckt auf chlorfrei gebleichtem Papier

Printed in Germany

ISBN 3-89604- 917-8

STICHWORTVERZEICHNIS

BESTELLADRESSE

Die Weltbild Kuchenbackformen (Foto Seite 13), 3er-Set, Bestellnr. 544932, können Sie bestellen unter Telefon: 0180-53 54 321 oder Fax: 0821-700 43 69.

ABKÜRZUNGEN

cm = Zentimenter
EL = Esslöffel
g = Gramm
kg = Kilogramm
l = Liter
ml = Milliliter
Msp. = Messerspitze
Pck. = Päckchen
TL = Teelöffel